MARION BURMESTER

Die Verrechnung von Steuerforderungen

Schriften zum Steuerrecht

Band 16

Die Verrechnung
von Steuerforderungen

Von

Dr. Marion Burmester

DUNCKER & HUMBLOT / BERLIN

CIP-Kurztitelaufnahme der Deutschen Bibliothek

Burmester, Marion
Die Verrechnung von Steuerforderungen. — 1.
Aufl. — Berlin: Duncker und Humblot, 1977.
  (Schriften zum Steuerrecht; Bd. 16)
  ISBN 3-428-03844-4

Alle Rechte vorbehalten
© 1977 Duncker & Humblot, Berlin 41
Gedruckt 1977 bei Buchdruckerei Richard Schröter, Berlin 61
Printed in Germany

ISBN 3 428 03844 4

Vorwort

Die vorliegende Schrift ist die überarbeitete Fassung meiner Dissertation, die dem Fachbereich Rechtswissenschaft der Universität Hamburg im Wintersemester 1975/1976 vorgelegen hat.

Meinem sehr verehrten Lehrer, Herrn Prof. Dr. Karl August Bettermann, bin ich für die Betreuung und stetige Förderung der Arbeit zu aufrichtigem Dank verpflichtet. Dank schulde ich auch dem Zweitreferenten, Herrn Prof. Dr. Peter Selmer, für wertvolle, weiterführende Anregungen.

Herrn Prof. Dr. Johannes Broermann bin ich für die Aufnahme der Arbeit in die Reihe „Schriften zum Steuerrecht" verbunden.

Hamburg, im Oktober 1976
Marion Burmester

Inhaltsverzeichnis

Einleitung 11

Erster Teil

Allgemeine Lehren der Aufrechnung im privaten und öffentlichen Recht

I. Sinn und Zweck der Aufrechnung im Zivilrecht 13
   1. Tilgungsfunktion 14
   2. Befriedigungsfunktion 15
   3. Doppelfunktion 17

II. Bedeutung des Rechtsinstituts im Steuerrecht 18
   1. Aufrechnungslagen 18
   2. Umgehung des gesetzlichen Vollstreckungsverfahrens 19
   3. Bedürfnis nach Interessenausgleich durch Aufrechnung im Steuerrecht 21
      a) Aufrechnung durch den Steuerpflichtigen 22
      b) Aufrechnung durch den Steuergläubiger 23
   4. Allgemeine Rechtsgrundlage der Aufrechnung im Steuerrecht 23

III. Zulässigkeit der Aufrechnung 25
   1. Die Verrechnung von „gleichartigen" Forderungen 25
   2. Die Verrechnung von „ungleichen" Forderungen 26
      a) Zulässigkeit kraft positiv-rechtlicher Regelungen 27
      b) Kein Ausschluß durch § 322 Abs. 2 ZPO 28

Zweiter Teil

Voraussetzungen der Aufrechnungsbefugnis im Steuerrecht

I. Gegenseitigkeit der Forderungen 30
   1. Gleiche Ertrags- und Verwaltungshoheit 31
   2. Getrennte Ertrags- und Verwaltungshoheit 32
      a) Die Finanzverfassung von 1871 32
      b) Die Finanzverfassung von 1919 33

c) Die Finanzverfassung des Grundgesetzes 35
   aa) Ertragshoheit 35
   bb) Verwaltungshoheit 36
d) Bestimmung der Steuergläubigerschaft 37
   aa) Die Rechtsprechung des RFH 37
   bb) Die Rechtsprechung des BGH und BFH 38
   cc) Die Auffassung von Vogel/Kirchhof 40
   dd) Die Regelung des § 226 Abs. 4 AO 1977 43
e) Herstellung der Gegenseitigkeit durch Abtretung der Steuerforderungen 45
3. Gemeinsame Ertragshoheit von Bund und Ländern 48
  a) Ertragshoheit für die Körperschaftsteuer, Einkommensteuer und Umsatzsteuer vor der Finanzreform von 1969 49
  b) Neuregelung der Ertragshoheit durch das Finanzreformgesetz von 1969 50
  c) Gläubigerschaft und Gegenseitigkeit bei der Körperschaftsteuer 51
   aa) Gesamtgläubiger 52
   bb) Teilgläubiger 52
   cc) Gesamthandsgläubiger 53
   dd) Mitgläubiger gemäß § 432 BGB 55
   ee) Bruchteilsgläubiger 56
   ff) Ergebnis 56
  d) Gläubigerschaft und Gegenseitigkeit bei der Einkommensteuer 57
  e) Gläubigerschaft und Gegenseitigkeit bei der Umsatzsteuer 59

II. Verschärfung der Voraussetzungen durch § 395 BGB 61

III. Ausnahmen von dem Gegenseitigkeitserfordernis 65
  1. Die Regelung des § 406 BGB 65
  2. Die Regelung des § 268 BGB 66

VI. Gleichartigkeit der Forderungen 67

V. Fälligkeit der Aktivforderung 69
  1. Fälligkeit von Steuerforderungen 69
  2. Fälligkeit von Erstattungs- und Vergütungsansprüchen 69
  3. Stundung 70

VI. „Steueransprüche" im Sinne des § 124 AO 71

VII. Liquidität der Aktivforderung 74
  1. Unbestrittene Gegenforderung 74
  2. Rechtskräftig festgestellte Gegenforderung 77
  3. Aufrechnung durch den Steuergläubiger 77

VIII. Erfüllbarkeit der Passivforderung 78

Inhaltsverzeichnis 9

Dritter Teil

Gesetzlicher Ausschluß und Beschränkung der Aufrechnungsbefugnis

I. Aufrechnung mit einredebehafteten Forderungen 81

II. Aufrechnung mit verjährten Forderungen 81

III. Aufrechnung gegen einredebehaftete Forderungen 86

IV. Aufrechnung gegen beschlagnahmte Forderungen 86

V. Aufrechnung gegen eine Schadensersatzforderung aus vorsätzlich begangener unerlaubter Handlung 87

    1. Aufrechnung des Staates 88

    2. Aufrechnung des Steuerpflichtigen 89

VI. Aufrechnung gegen unpfändbare Forderungen 90

VII. Aufrechnung bei einer Mehrheit von Forderungen 90

Vierter Teil

Vollziehung der Aufrechnung

I. Vollziehung durch den Steuerpflichtigen 93

II. Vollziehung durch den Steuergläubiger 93

    1. Erklärung gegenüber dem Bürger 93

    2. Erklärung gegenüber einem anderen Hoheitsträger 95

Fünfter Teil

Rechtsmittel gegen die Aufrechnung

I. Bei Aufrechnung des Steuergläubigers 97

II. Bei Aufrechnung des Steuerpflichtigen 98

Materialien 100

Literaturverzeichnis 105

Einleitung

Im Zuge einer wachsenden Betätigung des Staates im Bereich der Leistungsverwaltung, die in den letzten Jahren neben die Ausübung ordnungsrechtlicher Hoheitsmacht getreten ist, hat die Figur einer dem Staat gegenüber bestehenden Aufrechnungsbefugnis an Bedeutung gewonnen.

Tritt der Staat nicht mehr allein als eingreifende Gewalt in den Rechtskreis des Bürgers, sondern knüpft Rechtsbeziehungen auch als Leistungspflichtiger, als Schuldner, so ist auch denkbar, daß Staat und Bürger einander in einem wechselseitigen Gläubiger-Schuldner-Verhältnis gegenüberstehen, das nach allgemeinen Grundsätzen zur Aufrechnung berechtigt.

Dieser Entwicklung ist in diversen Sonderrechtsvorschriften Rechnung getragen worden, die jeweils Zulässigkeits- und Ausführungsmodalitäten der Aufrechnung für das betreffende Spezialrechtsgebiet enthalten. Eine davon ist § 124 AO, worin dem Steuerpflichtigen das Recht eingeräumt wird, „gegen Steueransprüche mit unbestrittenen oder rechtskräftig festgestellten Gegenansprüchen aufzurechnen". Eine Aussage über Wesen, Inhalt oder Wirkung der Aufrechnung im Steuerrecht enthält diese Vorschrift indessen nicht, vielmehr knüpft sie an einen bestehenden Aufrechnungsbegriff an. Das gleiche gilt für die neue Abgabenordnung (AO 1977)[1], die in § 226[2] die Verrechnung von Steuerforderungen regelt.

Anliegen und Aufgabe dieser Arbeit ist es daher festzustellen, ob das Institut der Aufrechnung, das für das Zivilrecht seine Ausprägung in den §§ 387—396 BGB gefunden hat, seinem Grundgedanken nach auch im Steuerrecht Anwendung findet, oder ob hier ein den Besonderheiten des Steuerrechts entsprechendes Institut eigener Art zu entwickeln ist.

§ 124 AO räumt ausdrücklich eine Aufrechnungsbefugnis nur dem Steuerpflichtigen bzw. Steuerschuldner ein; eine Aussage über dasselbe Recht des Steuergläubigers enthält die Vorschrift dagegen nicht. Wohl sieht § 226 AO 1977 eine entsprechende Regelung für das künftige Recht vor; das allein sanktioniert die Rechtmäßigkeit der staatlichen Auf-

---

[1] BGBl. I, 1976, S. 613 ff.; Sie tritt am 1. 1. 1977 in Kraft.
[2] Entspricht § 207 des „Entwurfs einer Abgabenordnung" (EAO 1974), BT-Drucks. VI/1982, S. 1 ff.

rechnungsbefugnis jedoch nicht und entbindet nicht von der Überprüfung, ob der Fiskus — gegenwärtig oder künftig — ebenfalls zur Aufrechnung befugt sein soll und wenn ja, welchen Beschränkungen diese Form der hoheitlichen Tätigkeit möglicherweise wegen der Schutzbedürftigkeit des Bürgers unterliegen muß.

Erster Teil

Allgemeine Lehren der Aufrechnung im privaten und öffentlichen Recht

I. Sinn und Zweck der Aufrechnung im Zivilrecht

Der Zweck des Rechts zur Aufrechnung wird häufig in der Vermeidung eines unwirtschaftlichen Leistungsaustausches gesehen[1]. Die Bedeutung des Rechtsinstitutes liegt demnach darin, eine Vereinfachung des Zahlungswesens zu bewirken. Zum einen soll ein unnützer Austausch von Zahlungen vermieden werden, wenn er eine wirtschaftliche Änderung nicht herbeiführt, zum anderen werden bargeldlose Zahlungen ermöglicht, die in hohem Maße zur Erleichterung des Geschäftsverkehrs beitragen.

Daneben wird als Grund der Aufrechnung auch angeführt das arglistige Verhalten, das darin zu sehen ist, wenn jemand dasjenige einfordert, was er sofort wieder zurückgeben müßte[2]. Der Zweck des Rechts zur Aufrechnung ist hier in der Verhinderung einer arglistigen Weigerung des Aufrechnungsgegners zu sehen, auf die angebotene Aufrechnung einzugehen. Gestützt wird diese Auffassung auf lex 8 pr. Dig. de doli mali exceptio 44, 3: „dolo facit, qui petit, quod redditurus est". Dieser Satz wird als allgemeiner Grundsatz verstanden, der dem Ausschluß arglistigen Verhaltens dient und zu diesem Zweck auch den Rechtsbehelf der Aufrechnung trägt[3].

Gegen die letztgenannte Begründung spricht entscheidend, daß sowohl nach römischem als auch nach deutschem Recht das Recht zur Aufrechnung abbedungen werden kann[4]; demgegenüber ist es aber unzulässig, in gleicher Weise auf die Geltendmachung arglistigen Verhaltens des Gegners zu verzichten.

---

[1] *Hofacker:* Die Staatsverwaltung und Strafrechtsreform 1919, S. 100; *Josef,* VerwArch Bd. 22 (1914), S. 369 (372); ders., VerwArch Bd. 24 (1916), S. 324 (335); *Heine,* Gruchot Bd. 62 (1918), S. 212 (221); *Meier-Branecke,* AöR Bd. 50 (1926), S. 230 (273).
[2] *v. Löbbecke:* Die Aufrechnung im öffentlichen Recht, 1935, S. 16; *Josef,* VerwArch Bd. 22 (1914), S. 369 (372), Bd. 24 (1916), S. 324 (335).
[3] *v. Löbbecke,* S. 16.
[4] *Weigelin:* Das Recht zur Aufrechnung an der eigenen Schuld, 1904, S. 27; *Windscheid:* Lehrbuch des Pandektenrechts, 8. Aufl. (1900), Bd. 2, S. 458.

Auch aus anderen Gründen halten diese Auffassungen über den Sinn und Zweck des Aufrechnungsrechts einer näheren Betrachtung nicht stand: Sicher machen die genannten rechtspolitischen Erwägungen die Aufrechnung für das Wirtschaftsleben unersetzlich, weil sie die Barzahlung erspart, aber der eigentlichen Bedeutung der Aufrechnung werden diese Erklärungsversuche nicht gerecht. Diese läßt sich nur durch eine nähere Betrachtung der Funktion des Rechtsinstitutes ermitteln.

Gerade zu dieser Frage besteht aber eine Kontroverse, die bis in das gemeine Recht zurückreicht[5] und durch die Regelung des Aufrechnungsrechts in den §§ 387 ff. BGB nicht beendet worden ist[6]. Entsprechend der Stellung der beteiligten Personen sowohl als Gläubiger wie auch als Schuldner werden der Aufrechnung drei verschiedene Wirkungen zugesprochen.

1. Tilgungsfunktion

Einmal wird sie als ein im wesentlichen dem Interesse des Schuldners dienendes Institut angesehen, dessen Zweck auf Schuldtilgung gerichtet ist[7]. Allerdings stellt sie keine Erfüllung im eigentlichen Sinne dar, da der Gläubiger durch die einseitige Befreiung von der Schuld nicht den geschuldeten Leistungsgegenstand, sondern nur den gleichen wirtschaftlichen Wert wie bei der Erfüllung erhält. Aus dieser Sicht wird die Aufrechnung als ideelle Zahlung[8], ein der Zahlung verwandtes Erfüllungssurrogat[9] oder überhaupt als Tilgungsakt[10], sei es eigener Art[11] oder vermöge einer Ersetzungsbefugnis[12], gekennzeichnet.

---

[5] Das ist nicht zu verwechseln mit dem im Gemeinen Recht noch heftiger geführten Streit, ob der Aufrechnungsvollzug durch richterliches Urteil oder einseitige, außergerichtliche Aufrechnungserklärung geschehe. In der Literatur wurde überwiegend ein richterliches Urteil verlangt. *Dernburg*: Geschichte und Theorie der Kompensation, 2. Aufl. (1868), S. 529 ff.; *Eisele*: Die Kompensation nach römischem und gemeinem Recht (1876), S. 253; *Windscheid*, S. 459; a. A.: *Ohnsorge*, Ihering's Jhb Bd. 20, S. 287 ff.; *Kohler*, ZZP Bd. 20, S. 6 ff.; *Leonhard*: Die Aufrechnung (1896), S. 82 ff. Nach der Rechtsprechung genügte eine einseitige Aufrechnungserklärung: RGZ 7, 245; 11, 119 ff;. Seuffert's Arch. Bd. 7 Nr. 165 (Wolfenbüttel), Bd. 17 Nr. 234 (Dresden), Bd. 22 Nr. 128 (Lübeck), Bd. 23 Nr. 122 (Stuttgart), Bd. 30 Nr. 134 (Berlin), Bd. 38 Nr. 222 (Braunschweig).

[6] Dies verkennt *Herbsleb*: Die Aufrechnung im Verwaltungsrecht 1968, S. 1, dem infolge seiner einseitigen Betrachtung wesentliche Aspekte für das Verständnis der Aufrechnung im privaten und auch im öffentlichen Recht verborgen bleiben.

[7] *Siber*: Compensation und Aufrechnung 1899, S. 135; *Feder*, ZHR Bd. 54 (1903), S. 434 (488); *Oertmann*, AcP Bd. 113 (1915), S. 376 (411); *Palandt / Heinrichs*, 34. Aufl. 1975, § 395 Anm. 1; auf dieser Linie bewegt sich auch das Reichsgericht in RGZ 7, 248; RG JW 1911, S. 215 Nr. 4, S. 979 Nr. 12: „die Aufrechnung ist eine dem Gläubiger vom Schuldner aufgedrungene Befriedigung, behufs welcher der Schuldner seine Gegenforderung aufopfert".

[8] *Stölzel*: Schulung für die zivilistische Praxis, II. Teil, 1914, Bd. 2, S. 2.

I. Sinn und Zweck der Aufrechnung im Zivilrecht

Gestützt wird diese Auffassung auf die Stellung der Aufrechnung im Gesetz: Ihre Behandlung in dem Abschnitt über das Erlöschen der Schuldverhältnisse zeige, daß sie wie Erfüllung, Hinterlegung und Erlaß Tilgungsfunktion habe[13]. Daneben wird auch die in § 396 BGB vorgeschriebene entsprechende Anwendung des § 366 Abs. 2 BGB — also einer Vorschrift des Rechtes der Erfüllung — ins Feld geführt[14].

Das Ungewöhnliche an dieser Auffassung ist nicht in der Befriedigung des Gläubigers durch einseitige Befreiung von der Schuld, sondern darin zu sehen, daß der Gläubiger gezwungen wird, sie als Erfüllung gegen sich gelten zu lassen.

2. Befriedigungsfunktion

Gegenpol zu dieser Meinung, die die Bedeutung der Aufrechnung einseitig aus der Schuldnerperspektive erklären will, ist die Auffassung, die nicht die Schuldnerstellung des Aufrechnenden, sondern seine Gläubigerposition in den Vordergrund stellt. Unter diesem Aspekt stellt die Aufrechnung ein Sicherungs- und Befriedigungsrecht für den Gläubiger dar[15]. Sie ist eine besondere Art der Verfügung über die eigene Forderung, die den Untergang der fremden Forderung bewirkt und dadurch Befriedigung für die eigene Forderung verschafft[16].

Diese Funktion der Aufrechnung kommt zwar in der systematischen Stellung im BGB nicht zur Geltung, tritt aber um so deutlicher im Konkursrecht hervor. Seine Vorschriften sind eindeutig auf den Gläubiger zugeschnitten; sie erhalten, ja erweitern die Aufrechnungsbefugnis eines Konkursgläubigers und gewähren ihm ein Vorrecht vor den übrigen Gläubigern, so daß ihm hier durch seine eigene Schuld das denkbar beste Sicherungsmittel erwächst[17].

---

[9] *Siber*, S. 136; *Feder*, ZHR Bd. 54 (1903), S. 487; *v. Löbbecke*, S. 2. Diese Funktion kommt auch in § 422 Abs. 1 BGB zum Ausdruck, in dem den Ersatzmitteln — also auch der Aufrechnung — die gleiche Eigenschaft zugesprochen wird wie der Erfüllung.
[10] *Oertmann*, AcP Bd. 113 (1915), S. 376; RGZ 80, 394.
[11] *Planck / Siber*, II. Bd., 1. Hälfte, 4. Aufl. 1914, S. 523; *Enneccerus / Lehmann*, Zweiter Band, 15. Aufl. 1958, S. 487; *Ohnsorge*, Ihering's Jhb Bd. 20 (1882), S. 287.
[12] *Reichel*, AcP Bd. 125 (1926), S. 179.
[13] *Oertmann*, AcP Bd. 113 (1915), S. 396.
[14] *Oertmann*, AcP Bd. 113 (1915), S. 398.
[15] *Siber*, S. 67, 137; *Leonhard*: Aufrechnung, S. 112, ArchBürgR Bd. 21, S. 218; *Lippmann*, Ihering's Jhb Bd. 32, S. 166; *Kohler*, ZZP Bd. 20, S. 4; *Weigelin*, S. 29 ff.; *Lang*: Aufrechnungsrecht 1906, S. 68, 75.
[16] *Feder*, ZHR Bd. 54 (1903), S. 491.
[17] Das Aufrechnungsrecht bietet hier sogar eine höhere Sicherung als ein Pfandrecht an der Gegenforderung, weil die Gefahr einer Einbuße bei Veräußerung des Deckungsgegenstandes an einen Dritten für den Aufrechnungsberechtigten nicht besteht. Vgl. *Jaeger*: Konkursordnung, 8. Aufl. 1958, Erster Band, § 53 Anm. 29.

Gleichzeitig wird hier besonders deutlich, wie wenig die Ersparnis unwirtschaftlicher Leistungen die Aufrechnung zu erklären vermag. Wäre dieses der mit dem Aufrechnungsrecht verfolgte Zweck, so wäre dem Gläubiger im Konkurse seines Schuldners die Aufrechnung nur in Höhe der Konkursdividende zu gestatten[18]. Nach der Konkursordnung erlangt der Gläubiger jedoch volle Befriedigung für seine Forderung soweit seine Schuld reicht. Darin besteht der Hauptwert seines Aufrechnungsrechtes, während es sich um eine beiläufig erreichte Nebenwirkung handelt, daß unnötiges Hin- und Herzahlen erspart wird[19].

Wenn diese Funktion des Aufrechnungsrechts einmal erkannt ist, so ist nicht einzusehen, daß sie ihr nur im Falle des Konkurses beizumessen ist. Zwar tritt der Sicherungszweck im Konkurs besonders deutlich zutage, doch ist der Inhalt des Aufrechnungsrechtes derselbe, unabhängig davon, ob es aufgrund der Bestimmungen des BGB oder der sich daran anlehnenden Vorschriften der Konkursordnung entstanden ist[20]. Das im Konkurs gegebene Vorrecht ist lediglich Ausdruck des Gedankens, daß ein vor der Beschlagnahme bereits entstandenes individuelles Sicherungsrecht an einem zum Schuldnervermögen gehörenden Gegenstand der Gesamtvollstreckung vorgeht[21]. Dieser Grundsatz kommt auch in den Aufrechnungsbestimmungen des BGB zum Tragen, das in § 392 der Aufrechenbarkeit einer Forderung grundsätzlich den Vorrang vor der Beschlagnahme gewährt. Die Motive begründen die Notwendigkeit dieser Vorschrift unter Berücksichtigung der Schuldnerstellung des Aufrechnenden damit, daß anderenfalls dem Drittschuldner durch die Beschlagnahme die Möglichkeit zur Erfüllung an den Vollstreckungsschuldner und damit „streng genommen" auch das Aufrechnungsrecht genommen würde. Dieses Argument betrifft aber nur die eine Seite des Aufrechnungsrechtes. Für die Aufrechnung als Gläubigerhandlung wird hier nur — ebenso wie in § 53 KO — die Konsequenz aus dem schon vor der Beschlagnahme erwachsenen Befriedigungsrecht gezogen. Aus dieser Sicht wird das Aufrechnungsrecht gekennzeichnet als ein Recht zur Selbstbefriedigung[22], als Deckungsrecht[23] oder als ein

---

[18] *Schönke / Baur:* Zwangsvollstreckungs-, Konkurs- und Vergleichsrecht, 8. Aufl. 1969, § 62 I, S. 292.

[19] *Weigelin,* S. 30, 32.

[20] Diese Funktion der Aufrechnung ist bereits im römischen Recht erkannt worden. Bei Pomponius Fr. 3 D. h. t. findet sich der Satz: „Ideo compensatio necessaria est, quia interest nostra potius non solvere quam solutum repetere". Er läßt sich nicht nur daraus erklären, daß durch die Aufrechnung überflüssiges Hin- und Herzahlen vermieden werden soll, sondern er fußt vor allem darauf, daß der Gläubiger nicht Gefahr läuft, daß sein Anspruch an der Zahlungsunfähigkeit des Schuldners scheitert.

[21] RGZ 80, 407 (409 ff.); *Böttcher* in Festschrift für Schima, S. 98 ff.

[22] *Feder,* ZHR Bd. 54 (1903), S. 491; *Strohal:* Schuldpflicht und Haftung 1914, S. 19; *Hartmann,* VerwArch Bd. 25 (1917), S. 395.

I. Sinn und Zweck der Aufrechnung im Zivilrecht

besonderer Fall gesetzlich gestatteter Selbsthilfe[24]. Andere sehen in dem Aufrechnungsrecht ein Zwangsverwertungsrecht[25], das die Befugnis zu einem zwangsweisen Eingriff in das Vermögen des Gegners und der eigenen selbsttätigen Befriedigung enthält. Daneben werden Parallelen zur Zwangsvollstreckung gezogen[26]. Die Aufrechnungsbefugnis wird auch als Pfandrecht an der eigenen Schuld[27] oder doch als eine Befugnis angesehen, die diesem zumindest ähnlich ist[28].

Selbst in den Motiven zum BGB wird der „Charakter der Aufrechnung als einer auf positiver gesetzlicher Zulassung beruhender, dem Gläubiger *aufgezwungenen* Befriedigung" und der damit verbundenen „Selbstexekution" für den Aufrechnenden hervorgehoben[29].

Die Bedeutung der Aufrechnung als Gläubigerhandlung ist also keineswegs verborgen geblieben. Dennoch hat diese Erkenntnis lange nicht zu einer richtigen Beurteilung des Rechtsinstitutes geführt. Das hartnäckige Leugnen der Befriedigungsfunktion ist ebenso falsch wie das einseitige Hervorheben gerade dieser Funktion.

3. Doppelfunktion

Es ist das Verdienst Böttichers[30], gerade in jüngster Zeit erneut den richtigen Weg für das Verständnis der Aufrechnung gewiesen zu haben. Mit Recht weist er auf die „Symmetrie des Aufrechnungsinstituts" hin, das heißt einmal auf das beiderseitige Aufrechnungsrecht, zum anderen auf die beiderseitige Doppelstellung als Schuldner und Gläubiger.

---

[23] *Lippmann*, Ihering's Jhb Bd. 32 (1893), S. 199, 210.
[24] *Götte*, ArchBürgR Bd. 17 (1900), S. 164, 170. Diese Meinung läßt sich nicht halten: Im Gegensatz zur Aufrechnung gewährt die Selbsthilfe keine Befriedigung, sondern soll diese erst erzwingen. Das Institut ist also mehr dem Zurückbehaltungsrecht als der Aufrechnung vergleichbar.
[25] *Leonhard*, ArchBürgR Bd. 21 (1902), S. 209.
[26] *Siber*, S. 137; *Cosack*: Lehrbuch Bd. I, 4. Aufl. 1903/04; S. 471; *Feder*, ZHR Bd. 54 (1904), S. 496.
[27] *Weigelin*, S. 38 ff. Seiner Begründung des Befriedigungsrechts über § 406 BGB ist allerdings nicht zu folgen; dabei handelt es sich um eine Sondervorschrift, die notwendig war, um das berechtigte Vertrauen des späteren Kompensanten zu schützen; *Krückmann*, ZZP Bd. 34 (1905), S. 355.
[28] *Leonhard*, ArchBürgR Bd. 21 (1902), S. 210; *Reichel*, AcP Bd. 125 (1926), S. 180.
[29] Motive Band II, S. 108, 113. Die Bedeutung dieser Aussage wird nur von *Oertmann*, AcP Bd. 113 (1915), S. 380 geleugnet, der entgegen dem eindeutigen Wortlaut die „Selbstexekution" hier als eine Exekution versteht, die jemand als Schuldner zur Befriedigung des Gegners und nicht als Gläubiger zur Deckung seines Anspruchs vollzieht.
[30] *Bötticher:* Die „Selbstexekution" im Wege der Aufrechnung und die Sicherungsfunktion des Aufrechnungsrechts, in Festschrift für H. Schima, S. 95 ff. Er greift damit den erstmals von *Feder*, ZHR Bd. 54 (1903), S. 434 ff. geäußerten Gedanken wieder auf.

Danach ist die Aufrechnung als Erfüllungsersatz zu verstehen, soweit sie die Schuldnerstellung des Aufrechnenden betrifft, daneben ist sie ein Akt der Selbstbefriedigung für den Aufrechnenden als Gläubiger. Mag auch häufig die Vermeidung unwirtschaftlicher Leistungen mit der Aufrechnung einhergehen, so ist dieses doch nicht der Zweck der Aufrechnung, sondern eine ungewollte und jedenfalls eine nebensächliche Folge.

Allein diese Auffassung wird der unterschiedlichen Stellung und Interessenlage der Beteiligten gerecht. Gleichzeitig spiegelt sie die verschiedenartige Wirkung der Aufrechnung für Gläubiger und Schuldner wider[31]. Die so gekennzeichnete Doppelfunktion der Aufrechnung sowie die Doppelstellung der an der Aufrechnung Beteiligten müssen die Basis sein, um die Fragen nach der Zulässigkeit der Aufrechnung im Steuerrecht allgemein sowie der Aufrechnungsbefugnis des Staates und der Rechtsnatur seiner Aufrechnungserklärung zu beantworten.

II. Bedeutung des Rechtsinstituts im Steuerrecht

Auch im Bereich des Steuerrechts sind Fälle denkbar, in denen entweder zwei Hoheitsträger oder ein Bürger und ein Hoheitsträger einander sowohl als Schuldner wie auch als Gläubiger gegenüberstehen.

1. Aufrechnungslagen

Dem Anspruch einer Gemeinde auf Zahlung ihres Anteils am Aufkommen der Einkommensteuer setzt das Land seine Forderung auf Überweisung der in seinem Auftrag eingezogenen Kraftfahrzeugsteuern entgegen.

Das Finanzamt verlangt Zahlung von Umsatzsteuer, der Bürger begehrt Schadensersatz wegen Amtspflichtverletzung oder Zahlung einer Werklohnforderung für Arbeiten, die er im Auftrag des Fiskus ausgeführt hat.

Rein abstrakt ergeben sich bei der Beteiligung eines Hoheitsträgers und eines Bürgers an der Aufrechnung folgende Fallgestaltungen: Zwei „gleichartige", das heißt entweder nur dem privaten oder nur dem öffentlichen Recht angehörende Forderungen werden aufgerechnet. Stehen „ungleichartige", das heißt jeweils verschiedenen Rechtsordnungen angehörende Forderungen einander aufrechenbar gegenüber, so ist zu differenzieren zwischen solchen Aufrechnungslagen, bei denen der Staat

---

[31] Wie hier im Ergebnis *Leonhard,* ArchBürgR Bd. 21 (1902), S. 208; *Oertmann,* AcP Bd. 113 (1915), S. 414; *Siber,* S. 137; *Larenz,* Schuldrecht, Allg. Teil, I. Band, 10. Aufl. 1970, § 27 III, S. 324; *Fikentscher,* Schuldrecht, 3. Aufl. 1971, § 39 III 1, S. 156; *Lüke / Huppert,* JuS 1971, S. 166; *Wüst,* JZ 1960, 656 (657).

Inhaber einer öffentlich-rechtlichen Forderung ist, und solchen, bei denen er eine privatrechtliche Forderung geltend macht.

2. Umgehung des gesetzlichen Vollstreckungsverfahrens?

Hingegen erscheint eine weitere Unterteilung, die in allen aufgeführten Fällen denkbar ist, danach, wer Aufrechnender oder Aufrechnungsgegner ist, ohne Belang. Erforderlich wäre sie nur, wenn die Aufrechnungsbefugnis des Staates wegen einer möglichen Umgehung des Vollstreckungsverfahrens von vornherein Einschränkungen erfahren müßte[32]. Der Staat hat regelmäßig noch andere Machtmittel an der Hand, um die Erfüllung der ihm geschuldeten Leistungen zu erzwingen. Er kann zur Beitreibung seiner Forderungen direkte oder indirekte Zwangsmittel anwenden und unter Umständen sogar seine Strafgewalt zu Hilfe nehmen.

Es mag sein, daß die speziellen Machtbefugnisse des Staates im Einzelfall eine Beschränkung oder den Ausschluß des Aufrechnungsrechtes gerechtfertigt erscheinen lassen. Eine grundsätzliche Beschneidung dieses Rechtes auf Selbstbefriedigung mit dem Hinweis auf das gesetzlich geregelte Vollstreckungsverfahren ist dagegen unlogisch: Durch die Selbstbefriedigung des Staates qua Aufrechnung wird der Bürger keineswegs mehr beschwert oder gar in seinen Rechten beeinträchtigt, als das nach dem Verwaltungsvollstreckungsrecht der Fall wäre, sondern er ist im Gegenteil, was seine eigenen Schutz- und Abwehrmöglichkeiten anlangt, besser gestellt, da das Verwaltungsvollstreckungsrecht in dieser Hinsicht dem Bürger eher weniger Rechte einräumt als die vergleichbaren Regelungen des Zivilrechts. Aus dem Gesichtspunkt des Individualschutzes vor der staatlichen Gewalt ist der Einwand der Umgehung des gesetzlichen Vollstreckungsverfahrens daher nicht stichhaltig.

Doch auch objektiv gesehen läßt sich in der Befriedigung einer Forderung durch Kompensation kein vorwerfbares Handeln des Staates erblicken. Denn selbst wenn man berücksichtigt, daß den Verwaltungs-

---

[32] Dieser Einwand wurde im Anschluß an eine Entscheidung des Reichsgerichts aus dem Jahre 1911 (RGZ 77, 411) von *Fleiner:* Institutionen des deutschen Verwaltungsrechts, 8. Aufl. 1928, § 27 II 4, S. 436 Anm. 2; *Josef,* VerwArch Bd. 24 (1916), S. 327 ff.; *Heine,* Gruchot Bd. 62 (1918), S. 214 ff. vorgetragen. In der genannten Entscheidung war folgender Sachverhalt entschieden worden: Ein Grundstückseigentümer hatte der Stadtgemeinde für Forderungen aus einem Elektrizitäts- und Wasserlieferungsvertrag eine Sicherheit in der Weise eingeräumt, daß er bei der Sparkasse 1077 M einzahlte und das Sparbuch bei der Stadthauptkasse hinterlegte. Nach der Veräußerung des Grundstücks gab die Stadtgemeinde nicht die gesamte Sicherheit zurück, sondern kürzte sie um den Betrag, den der Veräußerer noch an Grundsteuer schuldig war.

behörden gesetzlich besondere Vollstreckungsbefugnisse eingeräumt worden sind, so bleibt doch fraglich, ob sie von ihrem Recht auch Gebrauch machen *müssen*, wenn es einen einfacheren, praktikableren, zeit- und kostensparenden Weg gibt. Dann wäre doch die Folge nicht ausgeschlossen, daß die Behörde zunächst an den Bürger zahlt und sodann zur Erfüllung ihrer eigenen Forderung ein mit Kosten verbundenes Verwaltungsvollstreckungsverfahren in Gang setzt, um letzten Endes festzustellen, daß der Schuldner ohne Vermögen ist und die Forderung deshalb unbefriedigt bleibt. Die Aufrechnung durch den Staat würde hier nicht nur die Kosten des Vollstreckungsverfahrens ersparen, sondern wäre darüber hinaus die einzig reale Möglichkeit zur Befriedigung der eigenen Forderung[33].

Fraglich ist nur, ob sich der Staat zur Befriedigung der eigenen Forderung durch Aufrechnung ebenso wie bei dem verwaltungsrechtlichen Vollstreckungsverfahren einen Titel über seine Forderung beschaffen muß. Die Aufrechnung im Zivilrecht ist generell möglich, ohne daß ein Titel über die Forderung vorliegt. Das soll offenbar grundsätzlich auch im Steuerrecht gelten, denn § 124 AO räumt dem Steuerpflichtigen die Aufrechnungsbefugnis ein, sofern die Gegenansprüche unbestritten *oder* rechtskräftig festgestellt sind. Die Titulierung der Forderung ist also nur eine der alternativen Voraussetzungen der Aufrechnungsbefugnis. Sie berechtigt zur Aufrechnung, aber sie ist nicht deren notwendige Voraussetzung. Wenn auch dem Staat das Aufrechnungsrecht unter denselben Voraussetzungen zugestanden wird — also grundsätzlich ohne Titulierung seiner Forderung —, so werden damit nicht etwa Erfordernisse des gesetzlichen Vollstreckungsverfahrens umgangen, sondern die Form der Aufrechnung festgelegt. Irgendein Argument für die Unzulässigkeit des gesamten Instituts im Steuerrecht läßt sich daraus also nicht gewinnen.

Eine besondere Form — d. h. Beschaffung eines Titels durch Erlaß eines Verwaltungsaktes — wird stets dann erforderlich sein, wenn eine Festsetzung des staatlichen Anspruchs vorgeschrieben ist, wie z. B. bei allen Veranlagungssteuern. Den gleichen erhöhten Anforderungen durch Vorlage eines Titels unterliegt aber auch der Bürger in allen Fällen, in denen ein Feststellungsverfahren durchzuführen ist.

Schließlich ist der Hinweis auf das gesetzlich geregelte Vollstreckungsverfahren zur Beschränkung oder zum Ausschluß eines Aufrechnungsrechtes auch deshalb unlogisch, weil man mit diesem Einwand ebensogut dem Bürger die Aufrechnungsbefugnis abschneiden und so das Institut der Aufrechnung überhaupt infrage stellen kann.

---

[33] Im Ergebnis wie hier: *Hartmann*, DJZ 1912, Sp. 1520; *ders.*, VerwArch Bd. 25 (1917), S. 402; *v. Löbbecke*, S. 43; *Schütz*, DB 1967, 793.

II. Bedeutung des Rechtsinstituts im Steuerrecht

Die Bedeutung der Aufrechnung liegt für den Bürger gerade darin, daß er sich durch diese Form der Selbstexekution den „Gang durch die Institutionen" des gesetzlichen Vollstreckungsverfahrens erspart bzw. unter Ausschluß der staatlichen Vollstreckungsorgane schneller und billiger Befriedigung erlangt.

Wenn diese Umgehung des gesetzlichen Vollstreckungsverfahrens den Gesetzgeber nicht gehindert hat, dem Bürger eine Aufrechnungsbefugnis einzuräumen, muß gleiches auch für den Fiskus gelten[34].

3. Bedürfnis nach Interessenausgleich durch Aufrechnung im Steuerrecht

Aus praktischen Gesichtspunkten ist auch bei den oben geschilderten Aufrechnungslagen ein befriedigender Interessenausgleich durch Kompensation denkbar. Dieser Aspekt allein kann jedoch für eine grundsätzliche Anerkennung des Rechtsinstituts im Steuerrecht nicht genügen, da die Zweckmäßigkeitserwägungen bei der Aufrechnung die geringste Rolle spielen. Wesentlich ist vielmehr festzustellen, ob ein Bedürfnis zur Aufrechnung als Erfüllungsersatz und Mittel zur Selbstexekution trotz der Besonderheiten des öffentlichen Rechts — speziell des Steuerrechts — besteht und wo die Grenzen einer Transformation liegen[35].

Die Aufrechnung im Steuerrecht wäre dann auszuschließen, wenn der so geschaffene Ausgleich mit dem Zweck von Steueransprüchen unvereinbar ist. Es ist zu fragen: Sind öffentliche Pflichten zur Zahlung so absolut, daß sie die Berücksichtigung anderer Rechtsverhältnisse verbieten? Verträgt das staatliche Interesse an der sicheren Erreichung bestimmter Verwaltungszwecke keine Zulassung von Einreden aus anderen Rechtsverhältnissen[36]? Stehen sich im Verhältnis Bürger-Staat wirklich „ungleiche Personen" mit „verschiedenwertigen Interessen" gegenüber[37]?

---

[34] Diese Auffassung schlägt sich im Ergebnis auch nieder in § 226 Abs. 1 AO 1977, BGBl. I, 1976, S. 613 (665).

[35] In jedem Fall muß die Übertragung des Aufrechnungsrechtes in das Steuerrecht ihre Grenzen dort finden, wo gesetzliche Bestimmungen oder besondere Grundsätze des Steuerrechts dem entgegenstehen. BVerwG, DÖV 1972, 573 (574); BayrVGH, ZBR 1960, 225 (226).

[36] *Hartmann*, VerwArch Bd. 25 (1917), 389 (404). Davon ging ohne nähere Begründung auch das PrOVG aus, vgl. E 37, 43; 49, 223; 56, 130; 75, 183.

[37] *Hartmann*, VerwArch Bd. 25 (1917), 404 und LZ 1915, Sp. 1297; DJZ 1912, Sp. 1519; JW 1915, 211 gegen RG, Recht 1909 Nr. 1998; OLG Hamburg, Recht 1908 Nr. 1615; *Josef*, VerwArch Bd. 22 (1914), 377; ders., VerwArch Bd. 24 (1916), 335; *Heine*, Gruchot Bd. 62 (1918), S. 222.

a) *Aufrechnung durch den Steuerpflichtigen*

Ausgangspunkt der Überlegungen muß sein, daß eine Aufrechnungslage grundsätzlich nur bei Geldforderungen denkbar ist. Allein bei ihnen ist das Erfordernis der Gleichartigkeit der beiderseitigen Forderungen gewährleistet. Wird beispielsweise von einer Gemeinde Zahlung der Grundsteuern verlangt, so stellt sich die Frage nach der Aufrechenbarkeit von Forderungen, wenn der Pflichtige seinerseits einen Anspruch auf Erstattung wegen zuviel gezahlter Gebühren für die Müllabfuhr oder einen Anspruch auf Schadensersatz wegen Amtspflichtverletzung hat.

Früher vertretene Auffassungen, die mit dem Hinweis auf das vorrangige Staatsinteresse die Aufrechnung des Bürgers in diesen Fällen ganz ausschließen wollten, muten heute zunächst als ein Relikt allzu obrigkeitlichen Denkens an. Dahinter mag jedoch ein Gedanke stecken, der so anachronistisch auch wieder nicht ist. Verlangt das Allgemeinwohl, daß der Bürger seiner Zahlungspflicht stets mit liquiden Mitteln nachkommt, damit der Staat den der Allgemeinheit gegenüber obliegenden Aufgaben nachkommen kann? Hier ist eines ganz klar hervorzuheben: Durch die Aufrechnung verliert der Staat keine Mittel, er wird nicht ärmer. Die Vermehrung des Staatsvermögens tritt auch durch die Befreiung von einer Schuld, also auch durch Aufrechnung ein. Auch werden die in dem Beispiel genannten mit den Gebühren verfolgten öffentlichen Aufgaben deshalb nicht undurchführbar.

Werden die aufrechenbaren Forderungen von derselben und gegen dieselbe Behörde geltend gemacht, so wird durch die Aufrechnung eine Rechtslage geschaffen, die aus den Büchern der betreffenden Amtskasse ohnehin schon hervorgeht. Soll und Haben weisen hier bereits aus, ob die Forderungen einander aufheben bzw. wem ein Überschuß zusteht. Die Erfüllung der öffentlichen Aufgaben ist aber nur insoweit möglich, als nach dem Saldo die Mittel dazu vorhanden sind. Nur mit dieser Summe kann der Staat kalkulieren und tut das auch. Der Saldo steht jedoch schon vor der Aufrechnung fest, so daß, auch wenn der Bürger wegen des Bestehens wechselseitiger gleichhoher Forderungen gar nichts mehr einzahlt, kein Manko entsteht oder die Verfolgung und Erreichung bestimmter verwaltungsrechtlicher Zwecke vereitelt wird. Zahlt der Bürger nur den fehlenden Anteil bis zur geforderten Summe ein, ist der von der Verwaltung gewollte und nach dem bestehenden Saldo erreichbare Erfolg durch eine einfache Umbuchung möglich.

Die Wahrnehmung öffentlicher Aufgaben ist aber auch dann nicht ausgeschlossen und eine Verminderung der öffentlichen Mittel nicht vorhanden, wenn die Aufrechnung zwischen Forderungen erfolgt, die für und gegen verschiedene Behörden bestehen. Der Ausgleich erfolgt

II. Bedeutung des Rechtsinstituts im Steuerrecht

in diesen Fällen durch Um- und Abbuchung zwischen den zuständigen Amtskassen. Freilich schließt in diesem Fall der Grundsatz der Identität der stationes fisci des § 395 BGB die Aufrechnung des Bürgers grundsätzlich aus. Ob bei einer Übernahme des Aufrechnungsrechtes in die Abgabenordnung derselbe Rechtsgedanke auch im Steuerrecht anzuwenden ist, kann hier zunächst dahingestellt bleiben. Zumindest läßt sich mit dem Kassenprinzip aus § 395 BGB allein die Unvereinbarkeit des Aufrechnungsrechtes mit den Grundsätzen des Steuerrechts nicht begründen[38]. Im Gegenteil ist festzuhalten, daß bei Bestehen wechselseitiger Forderungen auch die Interessenlage innerhalb öffentlich-rechtlicher Rechtsverhältnisse einen Ausgleich durch Aufrechnung zuläßt, ja, daß ein praktisches Bedürfnis für das Institut der Aufrechnung im Steuerrecht besteht.

Auch die rechtlichen Folgen der Aufrechnung sind im Steuerrecht nicht derart, daß sie mit dessen Eigenarten unvereinbar wären: Diese Eigenarten treten wohl kaum sonst so wenig in Erscheinung wie gerade bei der Erfüllung einer Forderung. Ein sachlicher Unterschied zwischen der Zahlung einer öffentlich-rechtlichen oder einer zivilrechtlichen Schuld ist nicht festzustellen.

b) *Aufrechnung durch den Steuergläubiger*

Vorausgesetzt, daß ihm grundsätzlich die gleiche Befugnis zusteht, wird der Bürger durch die behördliche Aufrechnung in seiner Rechtsstellung gegenüber der Verwaltung nicht beeinträchtigt. Es besteht Waffengleichheit zwischen den Parteien. Jede Seite hat die Möglichkeit, die Befriedigung der eigenen Forderung unter Vermeidung der Zwangsvollstreckung herbeizuführen. Welche der Parteien von diesem Recht Gebrauch macht, hängt davon ab, wer zuerst auf Erfüllung in Anspruch genommen wird. Eine Benachteiligung des Bürgers tritt durch die behördliche Aufrechnung also nicht ein. Der Bürger muß sich dieses staatliche Handeln gefallen lassen, denn der Staat hat ein gleichwertiges Interesse an der Erfüllung seiner Forderungen wie der Bürger. Allerdings auch nur ein gleichwertiges, wie oben gezeigt, und nicht ein höherwertiges.

4. Allgemeine Rechtsgrundlage der Aufrechnung im Steuerrecht

Mit der grundsätzlichen Anwendbarkeit der Aufrechnung im Bereich des Steuerrechts stellt sich das Problem, nach welchen Vorschriften Voraussetzungen, Form und Wirkungen zu beurteilen sind. Die öffent-

---

[38] So aber *Hofacker*, S. 100; dagegen *v. Löbbecke*, S. 35.

lich-rechtlichen Normen[39], die sich mit dem Aufrechnungsrecht befassen, helfen hier nicht: Sie gehen sämtlich von einem nach Inhalt und Wirkung feststehenden Begriff der Aufrechnung aus. Die besondere Aussage für den Bereich des öffentlichen Rechts besteht entweder darin, daß die Aufrechnung für das betreffende Sonderrechtsgebiet als zulässig erklärt wird oder daß mit Rücksicht auf die Eigenarten des betreffenden Rechtsgebietes die Voraussetzungen der Aufrechnungsbefugnis in dem einen oder anderen Punkt abgeändert werden. Für den gesamten Bereich des öffentlichen Rechts — also auch des Steuerrechts — allgemein gültige Regeln lassen sich diesen Vorschriften nicht entnehmen.

Auszugehen ist von dem Aufrechnungsrecht, so wie es im Zivilrecht seinen gesetzlichen Niederschlag gefunden hat[40]. Der über dieser Erkenntnis entbrannte Streit, ob und in welcher Weise die Vorschriften des BGB in das öffentliche Recht übertragen werden können, ist demgegenüber fruchtlos. Entscheidend ist nicht, ob die Vorschriften des BGB unmittelbar[41], in Rechts- oder Gesetzesanalogie[42] anzuwenden sind und ob sie einen allgemeinen Rechtsgedanken[43] widerspiegeln. Ist das Bedürfnis für die Aufrechnung im öffentlichen Recht einmal festgestellt, so kann die entscheidende Frage nur so lauten: Welche Vorschriften des Zivilrechts sind auf die Aufrechnung mit und gegen steuerrechtliche Forderungen anwendbar? Ob in direkter oder analoger An-

---

[39] Außer den steuerrechtlichen Bestimmungen des § 124 AO und der §§ 32 bis 34 BeitrO, § 53 AKO sind das: §§ 223 Abs. 2, 629, 1312 RVO, §§ 78, 91 Abs. 4 AVG, § 93 AVAVG, § 226 RKnG, § 23 BKGG, § 31 Abs. 3 WohngeldG, § 4 Abs. 1 BSozHG, § 10 Abs. 1 u. 3 BEG, §§ 290 Abs. 1, 350 a LAG, § 8 Abs. 1 Satz 2 JustizBeitrO, §§ 84 Abs. 2, 157 BBG, § 51 Abs. 2 BRRG.
Im Beamtenrecht bestehen darüber hinaus Regelungen entsprechenden Inhalts in: §§ 101 Abs. 2, 174 LBG Baden-Württemberg, Art. 92 Abs. 2, Art. 170 Abs. 2 BayBG, §§ 83 Abs. 2, 147 brem. BG, §§ 48 Abs. 3, 148 LBG Berlin, §§ 87 Abs. 2, 159 HmbBG, §§ 100 Abs. 2, 171 Abs. 1 u. 2 Hess.BG, §§ 92 Abs. 3, 176 Abs. 2 Nied.BG, §§ 95 Abs. 2, 167 LBG NRW, §§ 97 Abs. 2, 166 Abs. 2 u. 3 LBG Rheinl.-Pfalz, §§ 100 Abs. 2, 177 SBG, §§ 100 Abs. 2, 167 BGB Schleswig-Holstein.
[40] Vgl. auch § 226 Abs. 1 AO 1977, BGBl. I 1976, S. 613 (665).
[41] So vor allem die Rechtsprechung, vgl. BFHE 58, 296; 59, 214; 60, 87; 73, 79; BVerwG, DÖV 1972, 574; und *Paulick:* Lehrbuch des Allgemeinen Steuerrechts, 2. Aufl. 1972, § 27, S. 203.
[42] *Larenz:* Methodenlehre, 2. Aufl. 1969, S. 365; *Lasally,* Fischers Zeitschrift Bd. 59 (1926), S. 153 ff.; *Lassar:* Der Erstattungsanspruch im Verwaltungs- und Finanzrecht, 1921, S. 230; *Schack,* in Festschrift für Rudolf Laun, 1948, S. 293; *Meier-Branecke,* AöR Bd. 50 (1926), S. 275; *Weber,* JuS 1970, 170; *Lüke / Huppert,* JuS 1971, 171; *Kruse:* Steuerrecht I, 3. Aufl. 1973, § 11 III, S. 91; § 15 II 6 a, S. 122; *Hager,* DStZ 1940, 325; *Mattern,* NJW 1952, 1002; *Rössler,* NJW 1969, 494; BVerwG, DVBl. 1960, 36; BayrVGH, ZBR 1960, 226; BFHE 83, 607; 91, 520; 94, 477; BGH, HFR 1964, 258.
[43] *Liebisch:* Steuerrecht und Privatrecht, 1934, S. 9, 14, 91; *Spohr,* StW 1939 Sp. 664; *Hecker,* DÖV 1952, 8; *Soergel / Siebert,* § 387 Anm. 17; RGZ 155, 245; BGH, BB 1959, 424; VGH München, DVBl. 1960, 646.

wendung mag dahinstehen. In welchen Fällen verlangen Inhalt und Qualität der steuerrechtlichen Forderung, wann die besondere Rechtsstellung eines an der Aufrechnung beteiligten Hoheitsträgers eine andere als die im Zivilrecht getroffene Regelung?

III. Zulässigkeit der Aufrechnung

1. Die Verrechnung von „gleichartigen" Forderungen

Unproblematisch — weil geregelt — ist der Fall, in dem die Forderung der Behörde wie die des Bürgers dem Zivilrecht entstammt. Die Vorschriften des BGB finden unmittelbar Anwendung. Einmal ist die Heranziehung schon aufgrund der Rechtszugehörigkeit der Forderungen, zum anderen aber auch deshalb geboten, weil § 395 BGB zumindest diesen Fall mit Sicherheit erfassen will, in dem zwar eine juristische Person des öffentlichen Rechts an dem Rechtsverhältnis beteiligt ist, die Forderungen inhaltlich aber ausschließlich dem bürgerlichen Recht angehören.

Die Notwendigkeit anderer und erschwerter Zulässigkeitsvoraussetzungen besteht auch nicht, wenn zwei Hoheitsträger oder Bürger und Staat einander als Schuldner und Gläubiger öffentlich-rechtlicher Forderungen gegenüberstehen — z. B. bei Ausgleichsforderungen verschiedener Steuergläubiger untereinander oder bei der Gehaltsforderung eines Beamten gegenüber Steuerforderungen des Finanzamtes.

Nach der Aufgabe des privilegium fisci[44], das eine Aufrechnung des Bürgers gegenüber Steueransprüchen des Staates sowohl mit öffentlich-rechtlichen als auch mit privatrechtlichen Forderungen verbot, ist kein Grund ersichtlich, der einer Verrechnung von wechselseitigen steuerrechtlichen Forderungen entgegensteht: Weder der Einwand, diese Aufrechnung verbiete sich deshalb, weil das positive Recht keine allgemein gültige Vorschrift über die Aufrechnung mit und gegen steuerrechtliche Forderungen enthalte[45], noch die Auffassung[46], es fehle hier an einem Bedürfnis für das Institut der Aufrechnung, weil dem Staat der Weg des Verwaltungszwangsverfahrens offenstehe[47], vermögen die Zulässigkeit der Aufrechnung im Steuerrecht auszuschließen.

---

[44] Durch die Einführung des § 124 AO, damals § 103 RAO, im Jahre 1919.

[45] Diese Auffassung Weigelins, S. 115, ist um so unverständlicher, als es ihm doch als einem der ersten gelang, die Wirkungen der Aufrechnung in vollem Umfange zu würdigen. Er bleibt deshalb auf dem halben Wege stehen, wenn er zwar die fundamentale Bedeutung des Instituts im Bürgerlichen Recht aufzeigt, die entsprechende Interessenlage im öffentlichen Recht aber nicht erkennen und einen allgemeinen Rechtsgedanken leugnen will.

[46] Aus den hier unter II. angegebenen Gründen; a. A.: Hartmann, VerwArch Bd. 25 (1917), S. 402, 405.

[47] Vgl. oben S. 19 ff.

Die genannten Einwendungen sind daher mit Recht ohne Resonanz geblieben. Sowohl die Rechtsprechung[48] als auch die Literatur[49] gehen mittlerweile ohne nähere Begründung von der Zulässigkeit der Aufrechnung zweier öffentlich-rechtlicher, damit also auch zweier steuerrechtlicher Forderungen aus und erörtern lediglich noch einzelne, die Aufrechnungslage betreffende Besonderheiten.

2. Die Verrechnung von „ungleichen" Forderungen

Um die Aufrechnung von „ungleichen", das heißt verschiedenen Rechtsgebieten angehörenden Forderungen, hat es zwischen Judikatur und Literatur lange eine Kontroverse gegeben.

Während das Reichsgericht[50] die Aufrechnung auch in diesen Fällen für zulässig hielt, widersprach das Schrifttum[51] hier ebenfalls mit dem Argument fehlender positiv-rechtlicher Regelung und gipfelte mit seinen Einwendungen in der Behauptung, die Verrechnung von Forderungen verschiedener Rechtsgebiete sei deshalb ausgeschlossen, weil es sich um „inkommensurable" — nicht auf gleicher Ebene stehende — Größen handle[52]. Dieser Einwand ist nicht nur deshalb nicht stichhaltig, weil er nichts zu der grundsätzlichen Zulässigkeit der Verrechnung „ungleicher" Forderungen, sondern nur etwas zu der Gleichartigkeit der Leistungen als einer Voraussetzung der Aufrechnung sagt — deren Zulässigkeit also voraussetzt —, er kann vor allen Dingen deshalb nicht durchdringen, weil positiv-rechtliche Regelungen des BGB das Gegenteil beweisen.

---

[48] RGZ 47, 330; 93, 56; 155, 243; BGHZ 5, 352; BVerwG, NJW 1958, 1107; DÖV 1972, 573; OVGMLE 16, 63; OVG Münster, JuS 1961, 330; VGH München, DVBl. 1960, 646; BSG, BB 1961, 1275; NJW 1963, 830; BSGE 23, 259; 24, 131; 29, 44; BFHE 83, 607; 91, 520; 94, 477 108, 220.

[49] *Tezner*, AöR Bd. 9 (1894), 521; *Lasally*, Fischer's Zeitschrift Bd. 59 (1926), S. 159; *Friedrichs:* Der allgemeine Teil des Rechts 1927, § 144, S. 270; *Josef*, VerwArch Bd. 22 (1914), S. 378; *Becker*, StW 1924 Sp. 59; *Liebisch*, S. 91; *Spohr*, StW 1939 Sp. 667, 677; *Liman / Schwarz:* Steuerbeitreibungsrecht, Band I, 3. Aufl. 1961, § 33 Anm. 2; *Kruse:* Steuerrecht I, § 15 II 6 a, S. 122; *Paulick:* Lehrbuch, § 27, S. 203; *v. Löbbecke*, S. 20; *Herbsleb*, S. 3—6, 15, 16; *Soergel / Siebert / Schmidt* § 387 Anm. 17; *Rössler*, NJW 1969, S. 494; *Mattern*, NJW 1952, S. 1002; *Lüke / Huppert*, JuS 1971, 171.

[50] RGZ 77, 411; 80, 371.

[51] *Weigelin*, S. 115; *Hofacker*, S. 99.

[52] *Hartmann*, DJZ 1912 Sp. 1519; LZ 1915 Sp. 1297. Das Reichsgericht ist in keiner seiner nachfolgenden Entscheidungen auf diese Bedenken eingegangen, sondern von der Zulässigkeit der Aufrechnung verschiedenartiger Forderungen als gefestigter Rechtsprechung ausgegangen (E 93, 56; 155, 243).

III. Zulässigkeit der Aufrechnung

a) *Zulässigkeit kraft positiv-rechtlicher Regelungen*

§ 394 Satz 2 BGB regelt die Aufrechnung mit geschuldeten Beiträgen gegen Hebungen aus Kranken-, Hilfs- oder Sterbekassen, insbesondere aus Knappschaftskassen und Kassen der Knappschaftsvereine. Bei Entstehung des BGB wurden die Forderungen des Versicherten als privatrechtliche, die Beitragsforderungen als öffentlich-rechtliche angesehen[53]. Demnach gibt die Vorschrift Zeugnis darüber, daß schon damals keine Bedenken gegen die Verrechnung „ungleicher" Forderungen bestanden.

Außerdem ist auf Art. 81 EGBGB hinzuweisen, der die landesrechtlichen Vorschriften über die Aufrechnung gegen Beamtenbesoldung, Wartegeld, Ruhegeld usw. neben dem BGB weiter gelten läßt. Zwar ist die Aussage zugunsten der Verechnung „ungleicher" Forderungen nicht ganz eindeutig, denn ähnlich wie in § 394 Satz 2 BGB waren die Ansprüche, gegen die aufgerechnet werden kann, nach damaliger Auffassung privatrechtlicher Natur. Dennoch spricht die Vorschrift für die Zulässigkeit: Dem Wortlaut nach ist offen, welcher Art die Forderungen des aufrechnenden Hoheitsträgers sein müssen. Es ist deshalb zu vermuten, daß die Aufrechnung auch dann nicht ausgeschlossen sein sollte, wenn die Forderungen verschiedenen Rechtsgebieten angehören.

Für den Bereich des Steuerrechts ist eine Klärung der Streitfrage in dem hier geschilderten Sinne durch Schaffung der Reichsabgabenordnung von 1919 herbeigeführt worden: § 124 AO spricht von Gegenansprüchen des Steuerpflichtigen schlechthin, schließt also die Aufrechnung nicht für den Fall aus, daß sie privatrechtlicher Natur und die aufrechenbaren Forderungen somit „ungleich" sind[54]. Rechtsprechung[55] und Literatur[56] sind sich heute einig darüber, daß im allgemeinen Verwaltungsrecht und erst recht im Steuerrecht, die Verrechnung von „ungleichen" Forderungen grundsätzlich zulässig ist.

---

[53] Die Vorschrift bezog sich zunächst auf die Zulässigkeit der Aufrechnung mit öffentlich-rechtlichen gegen privatrechtliche Forderungen. Die Beurteilung der Leistungsansprüche des Versicherten hat jedoch den gleichen Wandel erfahren wie bei den Gehaltsansprüchen der Beamten. Nach heutiger Auffassung sind beide Forderungen dem öffentlichen Recht zuzuordnen. Die inhaltliche Aussage hat sich also dahingehend geändert, daß die Vorschrift *heute* die Zulässigkeit der Aufrechnung zweier öffentlich-rechtlicher Forderungen regelt.
[54] Das gleiche gilt für § 226 Abs. 1 AO 1977, der weder für die Gegenansprüche des Steuerschuldners noch für die des Steuergläubigers eine Unterscheidung nach deren Rechtsnatur trifft und damit auch die Verrechnung „ungleicher" Forderungen zuläßt.
[55] Vgl. oben Fn. 48.
[56] Vgl. die unter Fn. 49 Genannten.

b) Kein Ausschluß durch § 322 Abs. 2 ZPO

Bedenken gegen die Verrechnung „ungleicher" Forderungen könnten sich möglicherweise aus § 322 Abs. 2 ZPO ergeben. Danach ist „die Entscheidung, daß die Gegenforderung nicht besteht, bis zur Höhe des Betrages, für den die Aufrechnung geltend gemacht worden ist, der — materiellen — Rechtskraft fähig". Bei der Verrechnung „ungleicher" Forderungen, die auch verschiedenen Rechtswegen zugewiesen sind, ist die Möglichkeit nicht ausgeschlossen, daß eine Forderung dem Willen des Gesetzes zuwider der Überprüfung durch das zuständige Gericht entzogen wird, wenn nämlich der Richter über das Bestehen der an sich einem anderen Rechtsweg zugewiesenen Gegenforderung mitentscheidet. Jedoch handelt es sich dabei nicht um eine Frage des materiellen Aufrechnungsrechtes, sondern um ein verfahrensrechtliches Problem[57], das auch in diesem Bereich seine Lösung finden muß.

Das wird deutlich, wenn man sich folgende Aufrechnungslage vergegenwärtigt: Die Passivforderung ist dem ordentlichen Rechtsweg zugewiesen, für die Aktivforderung ist zwar der Verwaltungsrechtsweg gegeben, aber die zur Aufrechnung gestellte Gegenforderung ist unstreitig oder bereits von der zuständigen Verwaltungsbehörde bzw. dem zuständigen Verwaltungsgericht rechtskräftig festgestellt worden. Dann wird von dem Zivilrichter eine Entscheidung über das Bestehen der Gegenforderung nicht verlangt, sondern das mit der Klage angerufene Gericht hat nur über die Aufrechenbarkeit und die Aufrechnungsbefugnis sowie über die Wirkung der Aufrechnungserklärung zu entscheiden. Auch wenn für die Entscheidung, ob dem Beklagten eine Gegenforderung zusteht und welchen Inhalt diese Forderung hat, ein anderer Rechtsweg eröffnet ist als für die Entscheidung über die Klagforderung, bleibt der angerufene Richter zuständig für die Entscheidung über die Zulässigkeit und Wirksamkeit der Aufrechnungserklärung. Das oben geschilderte Rechtskraftproblem taucht also trotz unterschiedlicher Rechtswegzuständigkeit der aufrechenbaren Forderungen nicht auf. Die Verfolgbarkeit beider Rechtsansprüche im gleichen Verfahren als generelle Zulässigkeitsvoraussetzung der Aufrechnung läßt sich deshalb nicht rechtfertigen. Eine Lösung des Problems ist nicht durch die Verschärfung der materiell-rechtlichen Aufrechnungsvoraus-

---

[57] *Kormann:* Hirth's Annalen 1911, 916 zählt dagegen die Verfolgbarkeit beider Rechtsansprüche im gleichen Verfahren zu den materiell-rechtlichen Voraussetzungen der Aufrechnung. Er meint, nur dann sei das Erfordernis der „Gleichartigkeit" erfüllt. Zunächst auch *Josef,* VerwArch Bd. 22 (1914), S. 375, der seine Ansicht in VerwArch Bd. 24 (1916), S. 340 f. nicht aufgibt, auch wenn er das Problem nunmehr unter dem Gesichtspunkt der Aussetzungsbefugnis bzw. -pflicht des angerufenen Gerichts — also unter verfahrensrechtlichem Aspekt — behandelt. Vgl. auch *Hofacker,* S. 102.

III. Zulässigkeit der Aufrechnung

setzungen herbeizuführen, sondern sie ist über § 148 ZPO zu suchen[58]. Mit der Frage der Zulässigkeit der Verrechnung „ungleicher" Forderungen hat dieser Konflikt nichts zu tun.

---

[58] So richtig *Heine*, Gruchot Bd. 62 (1918), S. 224 (227), der diese Frage allein im Zusammenhang mit den verfahrensrechtlichen Problemen der Prozeßaufrechnung behandelt. Ihm folgend: *Lassaly*, Fischer's Zeitschrift für Verwaltungsrecht Bd. 59 (1926), S. 159, Anm. 3; *Friedrichs*: Verwaltungsrechtspflege, Erster Band, 1920, § 144, S. 268; *Mallachow*, VerwArch Bd. 28 (1921), S. 279 ff.; *v. Löbbecke*, S. 39; *Wolff*: Verwaltungsrecht, Band I, 9. Aufl. 1974, § 44 III e 2, S. 316; *Eyermann / Fröhler*, VwGO, 6. Aufl. 1974, § 40 Anm. 36 ff. Auch die Rechtsprechung hat dieses Problem stets als ein verfahrensrechtliches und nicht als materiell-rechtliche Voraussetzung behandelt, vgl. RGZ 77, 411; BGHZ 16, 124.

Zweiter Teil

Voraussetzungen der Aufrechnungsbefugnis im Steuerrecht

Erkennt man die Aufrechnung im Steuerrecht grundsätzlich an, ist die Zulässigkeit im einzelnen an den im Bürgerlichen Gesetzbuch niedergelegten Voraussetzungen zu orientieren[1]. Das bedeutet, daß eine Aufrechnung auch im Steuerrecht nur dann möglich ist, wenn in einem wechselseitigen Schuldverhältnis gleichartige und fällige Forderungen einander gegenüberstehen. Damit ist aber nicht geklärt — und das ist wichtiger —, ob die Aufrechnungsbefugnis von Zusatzvoraussetzungen, eventuell Sonderbedingungen des Steuerrechts abhängig zu machen ist. Diese Frage läßt sich am ehesten durch eine systematische Überprüfung der Transformationsfähigkeit der Aufrechnungsvoraussetzungen des Zivilrechts beantworten.

I. Gegenseitigkeit der Forderungen

Nach § 387 BGB besteht eine Aufrechnungslage, wenn „zwei Personen einander Leistungen" schulden, das heißt, wenn die Beteiligten wechselseitig Inhaber bzw. Gläubiger der einen Forderung und Schuldner der anderen Forderung sind. Die Feststellung eines solchen Gegenseitigkeitsverhältnisses im Steuerrecht ist nicht unproblematisch: § 124 AO hilft hier nicht. Anhaltspunkte sind allenfalls der Beitreibungsordnung (BeitrO)[2] zu entnehmen, die aufgrund von §§ 144 Abs. 3, 463 RAO a. F.[3] vom Reichsminister der Finanzen erlassen worden ist. Die in dieser Verordnung[4] enthaltenen Bestimmungen sollen die in der Ab-

---

[1] So auch § 226 Abs. 1 AO 1977, BGBl. I 1976, S. 615 (665).

[2] Vom 23. Juni 1923, Reichsministerialblatt S. 595.

[3] § 444 Abs. 3 — Der Reichsminister der Finanzen wird ermächtigt, die zur Durchführung der Behördenorganisation erforderlichen Maßnahmen zu treffen und bis zu dieser Durchführung abweichende Bestimmungen zu erlassen. Er kann ferner die zur Überleitung der Steuergesetzgebung erforderlichen Bestimmungen treffen.
§ 463 — Die Ausführungsbestimmungen zu diesem Gesetz erläßt der Reichsminister der Finanzen mit Zustimmung des Reichsrates.

[4] Zu dem Streit über die Rechtsqualität der Verordnung vgl. *Becker*, StW 1924, 767; BFH, BStBl. 1953, 312; *Liman / Schwarz*, Steuerbeitreibungsrecht, Band I, Einleitung, Rdn. 1, die wegen § 444 Abs. 3 AO a. F. Rechtsnormqualität von §§ 1—3 BeitrO annehmen und im übrigen die BeitrO als Verwaltungs-

I. Gegenseitigkeit der Forderungen

gabenordnung (AO) befindlichen Lücken im Recht des Beitreibungsverfahrens ausfüllen bzw. vorhandene Regelungen ergänzen[5]. Die BeitrO ist deshalb als Auslegungsmittel der AO heranzuziehen. Sofern in der BeitrO bestimmte Verfahrensarten festgelegt oder Befugnisse eingeräumt werden, sind diese Rechte stets im Zusammenhang mit denen der AO zu lesen, deren Ausfüllung oder Ergänzung sie dienen. So erfährt die in § 124 AO für das Steuerrecht grundsätzlich zugelassene Aufrechnung eine Ausprägung hinsichtlich des einzuhaltenden Verfahrens in den §§ 32—34 BeitrO. Nach § 33 BeitrO kann nur der „Vollstreckungsschuldner" die Aufrechnung erklären[6]. Das ist einmal, wer nach den Steuergesetzen eine Leistung als Selbstschuldner zu entrichten hat[7], zum anderen, wer nach den Steuergesetzen[8] oder nach den Vorschriften des Bürgerlichen Rechts in Verbindung mit § 120 Abs. 1 Satz 1 AO kraft Gesetzes für eine steuerliche Leistung, die ein anderer schuldet, persönlich haftet[9]. Damit bieten sich zwar klare Anhaltspunkte für die Ermittlung des aufrechnungsbefugten Steuerschuldners, jedoch ergibt sich nichts, was der Feststellung des Steuergläubigers dienen könnte. Die Bestimmung des richtigen Aufrechnungsgegners ist um so schwieriger, als dafür Bund, Länder, Gemeinden, Gemeindeverbände oder öffentlich-rechtliche Religionsgemeinschaften in Betracht kommen.

1. Gleiche Ertrags- und Verwaltungshoheit

Eindeutig sind lediglich die Fälle, in denen Steuer- und Erstattungsforderungen einander gegenüberstehen, deren Verwaltung und Ertrag nach den Art. 106 bis 108 GG derselben Gebietskörperschaft zustehen. Hier steht außer Zweifel, daß die Beteiligten sich gegenseitig gleichartige Leistungen schulden, das heißt, jeder wechselseitig Gläubiger und Schuldner ist.

---

verordnung qualifizieren. A. A.: *Tipke / Kruse*, RAO Kommentar, Anm. 2 vor §§ 325—381, der zumindest die Rechtsnormqualität von § 3 Abs. 4 und 5 BeitrO bestreitet, da sie inhaltlich nur §§ 78 Abs. 2, 79 Abs. 1 AO wiedergeben.

[5] *Liman / Schwarz*, Steuerbeitreibungsrecht, Band I, Vorbemerkungen, Rdn. 13. Zur Auslegung der BeitrO ist zu bemerken, daß die HZÄ als FÄ im Sinne der AO (FVG § 1 Abs. 1 Ziff. 2) und damit auch des Beitreibungsverfahrens gelten. Wo die AO, BeitrO und VollzO von FÄ sprechen, sind damit auch die HZÄ gemeint. Wenn die BeitrO noch die Bezeichnung „Reich" verwendet, so ist darunter das FA oder der Steuerfiskus zu verstehen; *Liman / Schwarz*, ebd., Rdn. 14.

[6] Das besagt nicht, daß der Schuldner anderer Schulden, die nicht Steuerschulden sind, nicht aufrechnen kann. Nur diese Aufrechnung fällt nicht unter die Regelung der §§ 124 AO, 33 BeitrO, sondern ist nach allgemeinen Grundsätzen zu behandeln.

[7] Steuerrechtliche Schuld, § 7 Abs. 1 und 2 BeitrO.
[8] Steuerrechtliche Haftung, § 8 Abs. 1 bis 3 BeitrO.
[9] Beispiele bürgerlich-rechtlicher Haftung sind: §§ 419, 2382 BGB, 25 HGB.

2. Getrennte Ertrags- und Verwaltungshoheit

Schwierigkeiten ergeben sich bei der Aufrechnung gegen Steuern der Länder und Gemeinden, die ihre Steuern zum Teil selbst verwalten, teilweise aber auch durch Behörden anderer Rechtsträger verwalten lassen[10], was zum Auseinanderfallen von Verwaltungs- und Ertragshoheit führt. Die Frage, ob für die Gläubigerstellung die Verwaltungs- oder die Ertragshoheit ausschlaggebend sein soll, ist mehrfach gestellt und in unterschiedlicher Weise beantwortet worden: Der Reichsfinanzhof hat in einem auf Antrag des Reichsministers der Finanzen erstatteten Gutachten des Großen Senats vom 14. Mai 1934 — Gr. S. D. 6/32[11] — auf die Steuerverwaltungshoheit abgestellt. Demgegenüber hat der Bundesgerichtshof in einem Beschluß vom 21. Oktober 1952 — VZB 15/52[12] — für die Gläubigerstellung entscheiden lassen, wem die Steuerforderung zusteht, also die Ertragshoheit. Diese Rechtsprechung hat der Bundesfinanzhof in seiner Entscheidung vom 12. März 1963[13] übernommen und in einer neueren Entscheidung vom 6. Februar 1973[14] erneut vertreten.

Die Verschiedenheit der Meinungen ist ohne eine Erläuterung der jeweils zugrunde liegenden Finanzverfassung nicht zu verstehen.

a) Die Finanzverfassung von 1871

In der Verfassung des Deutschen Reichs von 1871 waren Gesetzgebungskompetenz und Ertragshoheit des Reichs bzw. der Länder koordiniert: So hatte z. B. das Reich nach Art. 35 RV die ausschließliche Gesetzgebungsgewalt über das gesamte Zollwesen sowie die Besteuerung von Salz, Tabak, Branntwein, Bier, Zucker und Sirup[15]. Art. 38 RV

---

[10] Von den Ländern verwaltete Bundessteuern sind:
1. Straßengüterverkehrsteuern
2. Kapitalverkehrsteuern
3. Versicherungsteuer
4. Wechselsteuer
5. Ausgleichsabgaben zur Durchführung des Lastenausgleichs.

Einzig ersichtliches Beispiel für eine vom Bund verwaltete Landessteuer ist die Biersteuer.

Steuern, deren Erträge den Gemeinden zustehen, die aber von den Ländern verwaltet werden, sind:
1. Gewerbesteuer
2. Grundsteuer
3. örtliche Verbrauchs- und Aufwandsteuer.

[11] RFH 36, 138 ff. = RStBl. 1934, 643 ff.; vgl. ferner RGZ 5, 36; 11, 75 (78); 76, 15; 87, 312; 93, 63; *Baltzer*, StW 1955, S. 425.

[12] BGHZ 7, 326; BGH, NJW 1953, 64.

[13] VII 98/61 U BFHE 76, 678 (682).

[14] VII R 62/70 BFHE 108, 564.

[15] Lediglich in Bayern, Württemberg und Baden blieben die Branntwein- und Bierbesteuerung der Landesgesetzgebung vorbehalten.

I. Gegenseitigkeit der Forderungen

bestimmte, daß „der Ertrag der Zölle und der anderen in Art. 35 bezeichneten Abgaben" in die Reichskasse fließt[16]. „Die Erhebung und Verwaltung der Zölle und Verbrauchsteuern" dagegen blieb jedem Bundesstaate, „soweit derselbe sie bisher ausgeübt hatte, innerhalb seines Gebietes überlassen"[17]. Die Verwaltungshoheit — auch für solche Steuern, deren Ertrag gemäß Art. 38 RV dem Reich zufloß — stand also generell den Ländern zu. Die mit der Erhebung und Verwaltung befaßten Behörden und Beamten waren Landesbehörden und Landesbeamte, die als Organe des jeweiligen Bundesstaates tätig wurden.

Unter diesen verfassungsrechtlichen Gegebenheiten vertrat das Reichsgericht[18] in ständiger Rechtsprechung die Auffassung, daß für die Gegenseitigkeit als Erfordernis der Aufrechnungsbefugnis die Verwaltungshoheit ausschlaggebend sei. Da die Abgaben zu den Landeskassen erhoben wurden, konnte auch eine Rückabwicklung wegen zuviel gezahlter Steuern allein durch den Landesfiskus vorgenommen werden, unabhängig davon, ob der Ertrag der betreffenden Steuer dem Reich oder dem Land zufloß. Es wurden deshalb nicht nur die Aktiv- und Passivlegitimation im Steuerprozeß, sondern auch die Steuergläubigerschaft und das Gegenseitigkeitsverhältnis im Aufrechnungsrecht nach der Verwaltungshoheit bestimmt.

b) Die Finanzverfassung von 1919

Das Finanzverfassungssystem des Kaiserreichs wurde durch die Weimarer Verfassung von 1919 aufgehoben. Die neue Gesetzgebung der Weimarer Republik brachte einen grundlegenden Wandel mit sich. So wurde mit Art. 83 WV eine eigene Reichsverwaltung für Zölle und Verbrauchssteuern geschaffen[19]. Jedoch begnügte sich das Reich nicht damit, sondern zog die Verwaltung weiterer Steuern an sich. Dies gelang mit Hilfe des § 1 des Gesetzes über die Reichsfinanzverwaltung vom 10. September 1919[20] und § 8 AO[21], die es dem Reich ermöglichten, die Ver-

---

[16] Gemeint ist der Nettobetrag, das heißt, die gesamten Einnahmen nach Abzug der Steuervergütungen und Ermäßigungen, der Rückerstattungen sowie die Erhebungs- und Verwaltungskosten, Art. 38 Abs. 2 Ziff. 1 bis 3 RV.
[17] Art. 36 RV.
[18] RGZ 5, 36; 11, 75 (98); 76, 15 (17); 87, 312 (314); 93, 56 (63).
[19] Art. 83 WV — Die Zölle und Verbrauchsteuern werden durch Reichsbehörden verwaltet.
[20] RGBl. 1919, S. 1591.
§ 1
(1) Die Reichssteuern werden von den Reichsbehörden verwaltet (Finanzbehörden). Als Reichssteuern gelten alle Abgaben, die ganz oder zum Teil zugunsten des Reichs erhoben werden.
[21] § 8
(1) Die Steuern (§ 1 Abs. 2) werden von Reichsbehörden verwaltet (Finanzbehörden).

waltung für alle Steuern zu übernehmen, die ganz oder zum Teil zu seinen Gunsten erhoben wurden.

Die Schaffung der reichseigenen Steuerverwaltung setzte voraus, daß die Finanzbeamten der Länder in den Reichsdienst übernommen wurden. Sie hatte also bis zu einem gewissen Grad die Auflösung der einzelnen Landesfinanzverwaltungen zur Folge. Deshalb sowie aus Sparsamkeitsgründen mußte den Ländern die Möglichkeit gegeben werden, dem Reich auch die Verwaltung der noch unter ihrer Administration verbliebenen Landes- und Kommunalabgaben zu überlassen[22]. Zu diesem Zweck sah § 19 AO in seiner ursprünglichen Fassung[23] vor, daß auf Antrag einer Landesregierung die beteiligten Reichsminister je nach ihrer Zuständigkeit den Landesfinanzämtern und den ihnen unterstellten Behörden — die nun Reichsbehörden waren — die Verwaltung von Landesabgaben und Landesvermögen zu übertragen hatten. Allerdings erhielten die obersten Landesbehörden dann ein Weisungsrecht gegenüber den Landesfinanzämtern, also gegenüber den Reichsbehörden.

Bei dieser finanzverfassungsrechtlichen Lage wurde nunmehr grundsätzlich das Reich als Steuergläubiger angesehen, und zwar auch hinsichtlich solcher Abgaben, an denen den Ländern nach dem Finanzausgleichsgesetz[24] ein Teil zustand. Zweifel an der Gläubigerschaft des Reichs wurden lediglich hinsichtlich derjenigen Steuern erhoben, die nach § 19 AO zwar seiner Verwaltung unterstellt waren, deren Ertrag aber ausschließlich den Ländern zustand. Das Kammergericht vertrat in einem Beschluß vom 12. April 1934[25] die Auffassung, daß hier die Länder Gläubiger geblieben seien. Zwar sollte weiterhin die Verwaltungshoheit als maßgeblich für die Frage der Steuergläubigerschaft angesehen werden, jedoch müsse gerade aus diesem Grund die Gläubigerstellung des Reichs verneint werden. Wegen der obersten Sachleitung

---

(2) Die oberste Leitung steht dem Reichsminister der Finanzen zu. Unter ihm stehen Landesfinanzämter als Oberbehörden und unter diesen Finanzämter mit ihren Hilfsstellen.

[22] BFH 36, 138 (143); v. Leffern, StW 1954 Sp. 529 (532); Pilgrim: Problem der Steuergläubigerschaft, Diss. Göttingen 1966, S. 11; Cordes: Untersuchungen über Grundlagen und Entstehung der Reichsabgabenordnung vom 23. Dezember 1919, Diss. Köln 1971, S. 86.

[23] § 19

(1) Auf Antrag einer Landesregierung haben die beteiligten Reichsminister je nach ihrer Zuständigkeit den Landesfinanzämtern und den ihnen unterstellten Behörden die Verwaltung von Landesabgaben und von Landesvermögen zu übertragen. Soweit dies geschehen ist, haben die Landesfinanzämter und die ihnen unterstellten Behörden den Weisungen der obersten Landesbehörde zu folgen.

[24] Gesetz über den Finanzausgleich zwischen Bund, Ländern und Gemeinden vom 23. Juni 1923, RGBl. I, S. 494.

[25] JW 1934, 1860 ff.

der Landesbehörden sowie deren Weisungsrecht gegenüber den Finanzämtern sei die nach § 19 AO auf die Reichsbehörden übertragene Verwaltung beschränkt, es müsse daher weiterhin das Land als Inhaber des Steueranspruchs angesehen werden. Allerdings sollte nach Ansicht des Gerichts an diesem Grundsatz auch nicht unumstößlich festgehalten werden. Vielmehr sei „für Zwecke der Beitreibung" das Reich einheitlich als Gläubiger auch für die Landessteuern anzusehen. Insbesondere müsse dies nach der Neufassung der Abgabenordnung vom 22. Mai 1931[26] angenommen werden, die zu weiterer Vereinheitlichung und Vereinfachung der Steuerverwaltung geführt habe. Den Finanzämtern seien so weitgehende Befugnisse über die von ihnen nur für fremde Rechnung verwalteten Steueransprüche zugestanden worden, daß es ein Erfordernis der praktischen Notwendigkeit sei, das Reich als Gläubiger sämtlicher von ihm verwalteten Steuern anzusehen[27].

Noch einen Schritt weiter ging der Reichsfinanzhof[28], der die Steuergläubigerschaft des Reichs bei Landesertragssteuern nicht nur „für Zwecke der Beitreibung", sondern allgemein annahm. Er begründete seine Auffassung im wesentlichen damit, daß das Reich die gemäß § 19 AO übertragene Verwaltung der Landesertragssteuern im eigenen Namen führe: Die Verwaltung im eigenen Namen und kraft eigenen Rechts legitimiere das Reich als ausschließlichen Steuergläubiger. Die den Ländern zustehende oberste Sachwaltung und Weisungsbefugnis habe demgegenüber außer Betracht zu bleiben.

c) Die Finanzverfassung des Grundgesetzes

Durch das Grundgesetz erhielten die Länder einen großen Teil der ihnen in der Zeit von 1919 bis 1945 genommenen Hoheitsrechte zurück. Grundlage des Finanzverfassungsrechts der Bundesrepublik sind die Art. 104 a bis 115 GG.

aa) Ertragshoheit

Die Verteilung der Steuereinnahmen auf Bund[29] und Länder[30] ist in Art. 106 GG geregelt. Außer den hierin erfaßten Abgaben, die entspre-

---

[26] RGBl. I, S. 161.
[27] Das Kammergericht folgte damit der Ansicht von *Mattern*: Steuerarchiv 1934, S. 179.
[28] In dem oben Fn. 11 erwähnten Gutachten des Großen Senats vom 14. Mai 1934, Gr. S. D 6/32, RStBl. 1934, S. 643 = RFH 36, 138 = StW 1934 Nr. 424.
[29] Der Bund erhält die Zölle sowie die Erträge aus den Finanzmonopolen, den Verbrauchsteuern, die nicht den Ländern, Bund und Ländern oder den Gemeinden zustehen, den Kapitalverkehrsteuern, Versicherungsteuern und Wechselsteuern, den einmaligen Vermögensabgaben sowie Ausgleichsabgaben zur Durchführung des Lastenausgleichs, den Ergänzungsabgaben zur Einkommen- und Körperschaftsteuer und den Abgaben im Rahmen der Euro-

chend der jeweils bestimmten Einzelertragshoheit nur einer einzigen Körperschaft zufließen, kennt das Grundgesetz Gemeinschaftsteuern, deren Ertrag Bund und Ländern gemeinsam zusteht. Solche gemeinsame Ertragshoheit besteht bei der Einkommensteuer, der Körperschaftsteuer sowie der Umsatzsteuer. Auch die Gemeinden sind an den Erträgen einzelner Steuern beteiligt[31]. Dagegen haben die Religionsgesellschaften nach dem Grundgesetz keinen unmittelbaren Anspruch auf bestimmte Steuern[32].

bb) Verwaltungshoheit

Die Verwaltung der Steuern ist aufgeteilt zwischen Bundesfinanzbehörden, das sind das Bundesfinanzministerium, das Bundessteueramt, die Oberfinanzdirektionen sowie die Hauptzollämter, und den Landesfinanzbehörden, nämlich den Landesfinanzministerien, den Oberfinanzdirektionen und den Finanzämtern.

Diese in Art. 108 GG vorgenommene Verteilung der Verwaltungshoheit ist getragen von dem Bestreben, die Ertrags- und die Verwaltungshoheit konform zu regeln. Jeweils diejenige Körperschaft, der die Ertragshoheit zusteht, soll ihre Steuern durch eigene Behörden verwalten. Dieses Ziel ist jedoch nicht erreicht worden. Es fallen heute bei einer Reihe von Steuern Ertrags- und Verwaltungshoheit auseinander: Von den Bundesertragsteuern werden die Kapitalverkehrsteuer, Versicherungsteuer, Wechselsteuer und Ausgleichsabgaben zur Durchführung des Lastenausgleichs von den Ländern im Auftrage des Bundes verwaltet[33]. Umgekehrt wird die Biersteuer, deren Ertrag allein den

---

päischen Gemeinschaften, den sog. Abschöpfungen. Die gleichfalls erwähnte Straßengüterverkehrsteuer ist inzwischen ausgelaufen.

[30] Den Ländern fließen die Erträge der Vermögensteuern, Erbschaftsteuern, Kraftfahrzeugsteuern, Verkehrsteuern (Grunderwerb-, Feuerschutz-, Rennwett- und Lotteriesteuer), soweit sie nicht dem Bund und Ländern gemeinsam zustehen, Biersteuern und Spielbankabgaben zu.
Das Aufkommen dieser Steuern steht den einzelnen Ländern insoweit zu, als die Steuern von den Finanzämtern in ihrem Gebiet vereinnahmt werden, d. h. in Höhe des sog. örtlichen Aufkommens, Art. 107 Abs. 1 Satz 1 GG.

[31] Sie erhalten einen Anteil am Aufkommen der Einkommensteuer, das Aufkommen der Realsteuern sowie der örtlichen Verbrauch- und Aufwandsteuern, soweit es die Landesgesetzgebung vorsieht. Außerdem fließt ihnen von dem Länderanteil am Gesamtaufkommen der Gemeinschaftsteuern und von dem Aufkommen der Landessteuern ein von der Landesgesetzgebung bestimmter Satz zu.

[32] Art. 137 Abs. 6 WV hat aber das Besteuerungsrecht der Kirchen garantiert, soweit sie öffentlich-rechtliche Körperschaften sind. Durch Art. 140 GG ist Art. 137 Abs. 6 WV Bestandteil des Grundgesetzes geworden. Hauptbemessungsgrundlage ist die Einkommensteuerschuld. Im einzelnen ist die Ausgestaltung der Landesgesetzgebung überlassen. Vgl. *Tipke:* Steuerrecht, 2. Aufl. 1974, § 15 D Anhang.

[33] *Vogel / Wachenhausen,* Bonner Kommentar, Zweitbearbeitung von Art. 108 GG, Rdn. 40 ff.

I. Gegenseitigkeit der Forderungen

Ländern zusteht, von Bundesfinanzbehörden verwaltet[34]. Die Verwaltung der Gemeinschaftsteuern wird durch die Länder im Auftrage des Bundes wahrgenommen, so daß hinsichtlich des Bundesanteils dieser Steuern Ertrags- und Verwaltungshoheit auseinanderklaffen.

Steuern, die den Gemeinden zufließen, können nach Maßgabe der Landesgesetzgebung ganz oder zum Teil von den Gemeinden verwaltet werden. Eine derartige Übertragung ist generell für die Realsteuern sowie die kommunalen Verbrauch- und Aufwandsteuern vorgenommen worden.

Für die Verwaltung der Steuern der öffentlich-rechtlichen Religionsgemeinschaften gilt die Sonderregelung des Art. 140 GG i. V. m. Art. 137 Abs. 6 WV. Die Erhebung der Kirchensteuer erfolgt durch die Finanzämter[35], also ebenfalls nicht durch die Organe derjenigen Körperschaft, der die Ertragshoheit zusteht.

d) *Bestimmung der Steuergläubigerschaft*

Welche der oben unter I. 2 genannten Auffassungen zur Bestimmung der Steuergläubigerschaft nach dem heute geltenden Finanzverfassungsrecht richtig ist, hängt nicht zuletzt von dem Wandel ab, den das früher geltende Verfassungsrecht auf diesem Gebiet durch das Grundgesetz erfahren hat.

Allein nach zivilrechtlichen Gesichtspunkten wäre die Lösung des Problems relativ einfach: Rechtlich bedeutet Steuergläubigerschaft die Inhaberschaft der Forderung, also das Recht zum Erhaltenmüssen und Behaltendürfen der geforderten Leistung. Bei wem die gezahlten Steuern endgültig verbleiben sollen, besagt die Ertragshoheit. Sie müßte deshalb von Rechts wegen allein ausschlaggebend für die Bestimmung der Steuergläubigerschaft sein.

aa) Die Rechtsprechung des RFH

Wenn der Reichsfinanzhof[36] und vor ihm das Schrifttum dennoch die Verwaltungshoheit für die Beurteilung der Gläubigerstellung entscheiden ließen, so konnte diese Auffassung — entgegen der Ansicht des

---

[34] Sie wird aber nicht im Auftrag der Länder verwaltet, was § 18 Nr. 2 und AO i. d. F. von 1931 für die Reichsverwaltung noch kannte. Eine derartige Verwaltung durch den Bund im Auftrag der Länder ist dem Grundgesetz nicht bekannt. Vgl. *Vogel / Wachenhausen*, Bonner Kommentar, Zweitbearbeitung von Art. 108 Rdn. 22 und 35.

[35] Hier wird deutlich, daß das Besteuerungsrecht der Kirchen kein originäres kirchliches Recht, sondern ein vom Staat verliehenes delegiertes Recht ist, da zur Verwaltung und Durchsetzung des Rechts staatliche Institutionen benutzt werden.

[36] RFH 36, 138 ff.

RFH — also nicht auf rechtlichen Erwägungen basieren. Denn dadurch, daß die Länder unter der Reichsverfassung Abgabenforderungen des Reichs und umgekehrt unter der Weimarer Verfassung das Reich Abgabenforderungen der Länder im eigenen Namen einzogen, wurden diese doch nicht Gläubiger der Forderung in dem oben genannten Sinne. Der RFH unterschied nicht scharf zwischen dem Recht zum Behaltendürfen und dem Recht zur Beitreibung der Steuerforderung. Zwar gehört zu den Funktionen der Gläubigerstellung auch das Recht, die Leistung in Empfang zu nehmen oder gegebenenfalls sie zu erzwingen, ausschlaggebend für die Frage, wer Gläubiger ist, ist aber letztlich wer die Leistung behalten darf.

Die vom RFH und schon vorher vertretene Auffassung entsprach dem Bestreben der damaligen Finanzverfassungen nach einer einheitlichen und vereinfachten Finanzverwaltung. Dieses wäre erheblich beeinträchtigt worden, wenn trotz alleiniger Verwaltungshoheit des Reichs bzw. der Länder bei der steuerrechtlichen Aufrechnung die Gläubigerstellung an der Ertragshoheit zu messen gewesen wäre. Deshalb bot es sich geradezu an, denjenigen Hoheitsträgern sämtliche Kompetenzen zu übertragen, die im Rechtsverkehr nach außen allein in Erscheinung traten. Nur war dieses eine an dem Gesichtspunkt der Praktikabilität und nicht des Rechts orientierte Lösung. Solange die Verwaltung ausschließlich einem Hoheitsträger oblag, mag es gerechtfertigt gewesen sein, dem Bedürfnis nach einem praktischen und einfachen Verfahren nachzugeben, ungeachtet der rechtlichen oder dogmatischen Bedenken.

bb) Die Rechtsprechung des BGH und BFH

Ob diese Auffassung nach dem Inkrafttreten des Grundgesetzes noch haltbar ist, erscheint zweifelhaft. Die Lage nach dem Grundgesetz mit seiner Aufspaltung von Ertrags- und Verwaltungshoheit ist eine wesentlich andere als unter der Reichs- oder der Weimarer Verfassung. Somit ist zumindest nicht mehr mit solchen Gründen für die Maßgeblichkeit der Verwaltungshoheit zur Bestimmung der Steuergläubigerschaft zu argumentieren, die sich aus der einheitlichen Verwaltung der Steuern dafür herleiten ließen[37].

In der Rechtsprechung ist diese Konsequenz zunächst vom BGH[38] und später auch vom BFH[39] gezogen worden. Beide sehen als Steuergläubiger diejenige Körperschaft an, der der Ertrag einer Steuer zusteht: Es entspreche nur der natürlichen Betrachtungsweise, den Verband als Gläubiger anzusehen, zu dessen Gunsten die Steuer kraft gesetzlicher

---

[37] Richtungsweisend für diese Auffassung Mattern, NJW 1952, 1002.
[38] Beschluß vom 21. Oktober 1952, V ZB 15/52, BGHZ 7, 326.
[39] BFH 76, 678; BFH, BStBl. 1973, 513.

I. Gegenseitigkeit der Forderungen 39

Bestimmung — also nach außen erkennbar — erhoben werde; demgegenüber habe die bloße Weitergabe von Erträgen durch den Berechtigten außer Betracht zu bleiben[40]. Es sei auch nicht gerechtfertigt, die Verwaltungshoheit deshalb entscheiden zu lassen, weil das Handeln im eigenen Namen, aber für fremde Rechnung, im Rechtsleben häufig vorkomme und ein Rechtsschein für die Gläubigerschaft desjenigen bestehe, der im eigenen Namen auftrete. Umgekehrt sei die Verwaltung im eigenen Namen nicht immer ein sicheres Anzeichen für die eigene Gläubigerstellung, wie das Beispiel der Einziehungsermächtigung zeige[41].

Die Beurteilung der Steuergläubigerschaft im geltenden Recht anhand der Ertragshoheit ist nach Auffassung des BFH schon durch die finanzverfassungsrechtlichen Bestimmungen geboten. In der seit 1955 geltenden Fassung regelt Art. 106 GG, wem das Aufkommen der einzelnen Steuer „zusteht". Aus der gegenüber der vorherigen Fassung schärferen Diktion — jene bestimmte lediglich, wem das Aufkommen „zufließen" sollte — läßt sich entnehmen, daß nicht nur festgelegt werden soll, an wen eine erhobene Steuer abzuführen ist, sondern gleichzeitig, wer Gläubiger der Abgabenforderung ist. Ebenso können, wenn Art. 107 GG von „Landessteuern" spricht, nach dem Sinnzusammenhang darunter nicht alle von den Ländern verwalteten Steuern, sondern nur diejenigen verstanden werden, die den Ländern nach Art. 106 GG zustehen. Wollte man im Gegensatz dazu die Verteilung der Verwaltungskompetenz in Art. 108 GG über die Steuergläubigerschaft entscheiden lassen, so bedürfte es dazu besonderer Gründe, die nach Ansicht des BFH jedoch nicht ersichtlich sind.

Zur Unterstützung dieser Auffassung läßt sich noch § 372 Abs. 1 AO anführen. Diese Vorschrift ist durch Gesetz vom 11. Juli 1953[42] um einen Satz 3 erweitert worden, in dem es heißt, daß für das Finanzamt wegen der von ihm *verwalteten* Steuerforderungen verschiedener *Steuergläubiger* auf Antrag eine einheitliche Sicherungshypothek eingetragen werden kann. Darin unterscheidet also auch der Gesetzgeber ausdrück-

---

[40] Der Bundesminister der Finanzen hat daher in einem Schreiben vom 1. August 1952 — IV — S 1243 — 4/52 — an die Freie und Hansestadt Hamburg, Finanzbehörde, ausgeführt: Für die Zeit der vereinheitlichten und vereinfachten Finanzverwaltung habe das Reich bezüglich aller von den Finanzämtern verwalteten öffentlichen Aufgaben als Steuergläubiger angesehen werden können. Die Voraussetzung der vereinheitlichten und vereinfachten Finanzverwaltung sei jetzt nicht mehr gegeben. Die Frage, wer Steuergläubiger sei, müsse daher nun unter anderen Gesichtspunkten gesehen werden. Es sei nicht mehr entscheidend, wer die Steuer verwaltet, sondern wem sie zufließt.
[41] So im wesentlichen die Argumentation des BGH in E 7, 326 ff.
[42] BStBl. I, S. 511, Art. 1 Nr. 11.

lich zwischen der Verwaltung von Steuern und der Steuergläubigerschaft.

Die heutigen verfassungsrechtlichen Gegebenheiten schließen also die Bestimmung der Steuergläubigerschaft nach der Verwaltungshoheit aus. Aber auch die praktischen und verwaltungstechnischen Erwägungen, die damals die Außerachtlassung rechtlicher Bedenken rechtfertigten, vermögen heute diese Auffassung nicht mehr zu begründen: Bei Übereinstimmung von Verwaltungshoheit und Steuergläubigerschaft könnte zwar das Land mit einer von ihm verwalteten Bundessteuerforderung gegen eine Forderung des Steuerpflichtigen an das Land aufrechnen, dagegen müßte dem Steuerpflichtigen die Aufrechnung mit einer ihm gegen den Bund zustehenden Forderung gegen die Forderung einer vom Land verwalteten Bundessteuer versagt werden[43].

Es werden bei der Bestimmung anhand der Verwaltungshoheit also keineswegs nur interessengerechte oder aber praktikablere Möglichkeiten zur Aufrechnung geschaffen, als wenn die Gläubigerstellung sich nach der Ertragshoheit richtet. Läßt man die Ertragshoheit ausschlaggebend sein, so sind all jene Fälle ohne weiteres lösbar, in denen der Bürger gegen eine vom Land verwaltete Bundessteuer mit einer ihm gegen den Bund zustehenden Forderung aufrechnen will. Das gleiche gilt für den umgekehrten Fall, daß eine von Bundesbehörden verwaltete Steuer, deren Aufkommen dem Land zusteht — einzig ersichtliches Beispiel ist die Biersteuer[44] — mit einer dem Land gegenüber bestehenden Forderung verrechnet werden soll.

cc) Die Auffassung von Vogel / Kirchhof

Vogel / Kirchhof[45] meinen allerdings einen Gesichtspunkt gefunden zu haben, der für die Beachtlichkeit der Verwaltungshoheit bei der Feststellung der Gegenseitigkeit spricht: Es sei zwar richtig, daß die Ertragshoheit bestimme, bei wem die gezahlten Steuern endgültig verbleiben sollen. Doch sei damit nur eine von mehreren Gläubigerfunktionen gekennzeichnet. Daneben beinhalte die Gläubigerstellung das Recht, die Leistung von dem Schuldner befreiend anzunehmen und gegebenenfalls zwangsweise beizutreiben. Diese letztgenannten Rechte und Aufgaben seien solche, die die Finanzverwaltung wahrnehme, so daß in Wahrheit Ertragshoheit und Steuergläubigerschaft nur teilweise identisch seien. Sowohl der Träger der Verwaltungshoheit als auch der Träger der Ertragshoheit nähmen einen Teil der Funktionen des Steuergläubigers wahr. Bei dieser Rechtslage könne die Bestimmung

---

[43] Ein Ergebnis, das der BFH, a.a.O., für „abwegig" hält.
[44] Vgl. § 12 Abs. 2 FVG.
[45] Bonner Kommentar, Zweitbearbeitung Art. 107 Anm. 130.

I. Gegenseitigkeit der Forderungen

der Gegenseitigkeit nicht an die Ertragshoheit gebunden sein, vielmehr spreche einiges für die Entscheidung nach der Verwaltungshoheit. Beispielsweise lasse sich die Ertragszuständigkeit vor der Aufrechnung häufig noch gar nicht feststellen. So werde gemäß Art. 107 Abs. 1 Satz 1 GG[46] im Verhältnis der Länder untereinander diese Zuständigkeit im Regelfall erst durch die „Vereinnahmung" bestimmt, durch einen Vorgang also, der auch durch Aufrechnung vollzogen werden könne. Wenn die Ertragszuständigkeit aber erst durch die Aufrechnung begründet werde, könne sie nicht deren generelle Voraussetzung sein, wie die herrschende Meinung annehme. Die Unbrauchbarkeit der Ertragshoheit zur Feststellung der Gegenseitigkeit zeige sich besonders deutlich bei der Umsatzsteuer, für die sich die Verteilung der Ertragszuständigkeit u. U. erst lange nach deren „Vereinnahmung" — hier der Aufrechnung — ergebe. Selbst wenn die Aufteilung auf den Bund und die Ländergesamtheit durch Gesetz abstrakt geregelt sei, stehe im Zeitpunkt der „Vereinnahmung" (Aufrechnung) nicht fest, wem der einzelne Steuerbetrag in welcher Höhe zufließe[47]. Denn der Anteil des einzelnen Landes bestimme sich nach der Höhe des Umsatzsteuer*gesamt*aufkommens, dieses könne aber jeweils erst am Ende des Abrechnungszeitraumes festgestellt werden.

So bestechend diese Ausführungen hinsichtlich der gespaltenen Gläubigerfunktionen auf den ersten Blick sind, halten sie doch einer rechtlichen Überprüfung nicht stand: Vogel / Kirchhof gehen davon aus, daß die Abspaltung und Übertragung einzelner Gläubigerrechte ausreicht, um eine Gläubigerstellung zu begründen und ein Gegenseitigkeitsverhältnis herzustellen. Grundlage ihrer Auffassung ist eine unterstellte Gleichwertigkeit aller Gläubigerfunktionen. Jedoch ist das Recht zum Behaltendürfen einer Leistung „wertvoller" als die Befugnis zu ihrer Annahme, die von der Verpflichtung nicht befreit, die beigetriebene Leistung im Innenverhältnis an den eigentlich Berechtigten weiterzuleiten. Ausschlaggebend muß deshalb das Recht zum Behaltendürfen einer Leistung sein, wenn es darum geht, den Gläubiger zu bestimmen.

Die von Vogel / Kirchhof hervorgehobene Bedeutung der Aufspaltung von Gläubigerfunktionen liegt nicht im Bereich der materiell-rechtlichen Aufrechnungsvoraussetzungen, sondern der Ausübung des Aufrechnungsrechtes und der Vollziehung der Aufrechnung. Die infolge der

---

[46] Art. 107 Abs. 1 Satz 1 GG lautet: Das Aufkommen der Landessteuern und der Länderanteil am Aufkommen der Einkommensteuer und der Körperschaftsteuer stehen den einzelnen Ländern insoweit zu, als die Steuern von den Finanzbehörden in ihrem Gebiet vereinnahmt werden (örtliches Aufkommen).
[47] *Vogel / Kirchhof,* Bonner Kommentar, Zweitbearbeitung Art. 107 Anm. 126.

Trennung von Ertrags- und Verwaltungshoheit geschaffene Rechtslage ist derjenigen vergleichbar, die im Zivilrecht bei Erteilung einer Einziehungsermächtigung entsteht. Dabei werden gewisse mit einem Forderungsrecht verbundene Befugnisse übertragen, nämlich das Recht, die Leistung im eigenen Namen beim Schuldner einzuziehen bzw. mit befreiender Wirkung anzunehmen. Solche Befugnisse werden auch den betreffenden Gebietskörperschaften mit der Verwaltungshoheit eingeräumt. Die Durchführung der Steuerverwaltung umfaßt die Ermittlung, Festsetzung und Beitreibung der Steuern sowie die Steueraufsicht und die Kassenverwaltung. Es erscheint daher gerechtfertigt, die Bedeutung der Verwaltungshoheit für die „Gegenseitigkeit" entsprechend der Bedeutung der Einziehungsermächtigung für dieses Aufrechnungserfordernis zu beurteilen.

Hierzu sind die Meinungen einhellig[48]. Ausgehend von dem fiduziarischen Charakter der Rechtsgeschäfte, das dem Ermächtigten im Außenverhältnis eine stärkere Position einräumt als im Innenverhältnis, ist anerkannt, daß das Gegenseitigkeitsverhältnis zwischen dem Ermächtigenden und dem Dritten, nicht zwischen dem Ermächtigten und dem Dritten besteht. Die Einziehungsermächtigung ist nur für die Frage von Bedeutung, bei *wem* die Leistung zu erbringen, *wem* gegenüber die Aufrechnungserklärung abzugeben ist. Sie schreibt dem Schuldner die Zahlstelle vor, bleibt aber ohne jede Auswirkung auf das Problem, mit *welchen* Forderungen aufgerechnet werden darf, und somit auf die Frage, zwischen *welchen* Personen ein gegenseitiges Gläubiger-Schuldner-Verhältnis bestehen muß.

Diesen Gedanken ins Steuerrecht übertragen bedeutet, daß ein Gegenseitigkeitsverhältnis nicht mit der zur Verwaltung „ermächtigten", sondern mit derjenigen Körperschaft bestehen muß, die den Ertrag der Steuerforderung erhalten soll. Die Verwaltungshoheit ist nur insofern beachtlich, als sie dem Steuerpflichtigen verdeutlicht, welcher Behörde, welchem Finanzamt gegenüber er seine Aufrechnungserklärung abzugeben hat. Dem Steuergläubiger zeigt sie an, bei welchen Verwaltungsbehörden das Recht zur Ausübung seines Aufrechnungsrechtes liegt. Auf das Gegenseitigkeitsverhältnis bleibt die Verwaltungshoheit dagegen ohne Einfluß.

Auch die von Vogel/Kirchhof zitierten Beispiele vermögen nicht von dem Gegenteil zu überzeugen. Die Ertragszuständigkeit steht sowohl bei den in Art. 107 Abs. 1 Satz 1 GG genannten Steuern — das Gesetz spricht von Landessteuern und dem Länderanteil am Aufkommen be-

---

[48] OLG Stettin, OLG Bd. 23 (1911), S. 19; *Soergel / Siebert / Reimer Schmidt*, Schuldrecht I, 10. Aufl., § 398 Bem. 15; *Palandt / Heinrichs*, 34. Aufl., § 398 Anm. 7; *Erman / Westermann*, 5. Aufl., § 398 Anm. 14; *Enneccerus / Lehmann*, § 79 IV, S. 323; *Fikentscher*, § 57 IV 8, S. 321; *Larenz*, § 30 V c, S. 356.

stimmter Steuern — als auch bei der Umsatzsteuer fest[49]. Durch die „Vereinnahmung" wird der Umfang des Aufkommens für den Bund bzw. das Land der Höhe nach bestimmt, d. h. ihr jeweiliger Anteil wird nach der „Vereinnahmung" in absoluten Zahlen bezifferbar. Mit der Begründung der Ertragshoheit hat dieser Vorgang nichts zu tun und erst recht nicht mit der Feststellung der Gegenseitigkeit bei getrennter Ertrags- und Verwaltungshoheit, denn dafür ist es unbeachtlich, welche Geldsummen dem Bund bzw. den Ländern letztlich zufließen.

Es bleibt also dabei, daß Steuerforderungen, deren Ertrag dem Bund zufließt, nur mit Forderungen verrechnet werden können, die gegen den Bund gerichtet sind. Abgaben, deren Ertrag einem Land zusteht, sind nur mit solchen Forderungen verrechenbar, deren Schuldner auch das Land ist. Dagegen bleibt die Aufrechnung mangels Gegenseitigkeit versagt in allen Fällen, in denen zwar die Verwaltungshoheit der Aktiv- und Passivforderung in den Händen derselben Gebietskörperschaft liegt, der Ertrag einer der Forderungen aber einer anderen Körperschaft zusteht. Das betrifft alle die Fälle, in denen gegen eine vom Land verwaltete Bundessteuer mit einer Forderung gegen das Land aufgerechnet und umgekehrt eine vom Bund verwaltete Landessteuer mit einer Forderung gegen den Bund kompensiert werden soll.

dd) Die Regelung des § 226 Abs. 4 AO 1977

In die neue Abgabenordnung (AO 1977) ist dieses an der Finanzverfassung orientierte Ergebnis nicht übernommen worden. In § 226 Abs. 4 AO 1977 heißt es, daß „für die Aufrechnung als Gläubiger oder Schuldner eines steuerrechtlichen Anspruchs die Körperschaft gilt, die die Steuer verwaltet".

Die Bestimmung der Steuergläubigerschaft bzw. der Gegenseitigkeit im Aufrechnungsverhältnis soll also nach der Verwaltungshoheit erfolgen. Dennoch wird dadurch die dogmatische Richtigkeit der von der Rechtsprechung vertretenen Auffassung nicht in Frage gestellt: Das Gesetz gelangt zu der Maßgeblichkeit der Verwaltungshoheit nicht aufgrund einer abweichenden Interpretation des Grundgesetzes, sondern vielmehr durch eine Fiktion. Zur Erklärung für diese Abweichung gegenüber dem von der Verfassung vorgegebenen Ergebnis heißt es in

---

[49] Das 3. Gesetz zur Änderung des Finanzausgleichsgesetzes vom 8. Mai 1974, BGBl. I, 1045 sah für das Jahr 1974 einen Bundesanteil von 63 v. H. und einen Länderanteil von 37 v. H. am Umsatzsteueraufkommen vor. Für 1975 sind die Anteile auf 62 v. H. für den Bund und 38 v. H. für die Länder festgesetzt worden. Außerdem ist gerade die Verteilung der Umsatzsteuer mit vielerlei Besonderheiten verknüpft, so daß dieses Verfahren nicht geeignet ist, die grundsätzliche Bedeutung der Ertragshoheit für die „Gegenseitigkeit" in Frage zu stellen. Vgl. dazu noch unter I., 3.

der amtlichen Begründung, daß dadurch „die Schwierigkeiten beseitigt werden sollen, die sich aus der Rechtsprechung des Bundesfinanzhofs (vgl. Urteil vom 12. März 1963)[50] ergeben haben".

Die neue Abgabenordnung nimmt also für sich in Anspruch, praktikabler zu sein und gerechtere Lösungen herbeizuführen, als das nach der in der Rechtsprechung vertretenen Auffassung bisher der Fall ist. Es fragt sich jedoch, ob das Gesetz mit seiner Lösung diesem Petitum tatsächlich gerecht wird.

In der genannten Entscheidung hat sich der Bundesfinanzhof der Auffassung des Bundesgerichtshofs angeschlossen, die Bestimmung der Steuergläubigerschaft und der Gegenseitigkeit bei der Aufrechnung sei nach der Ertragshoheit vorzunehmen. Welches die daraus erwachsenen Schwierigkeiten sind, sagt die amtliche Begründung nicht. Sie müssen jedoch solcher Art sein, daß sie künftig durch die Bestimmung der Steuergläubigerschaft anhand der Verwaltungshoheit vermieden werden. Es ist daher zu vermuten, daß nur folgendes gemeint sein kann: Stellt man auf die Ertragshoheit zur Bestimmung der Gegenseitigkeit im Aufrechnungsverhältnis ab, so ist die Aufrechnung bei getrennter Ertrags- und Verwaltungshoheit ausgeschlossen, wenn eine vom Land verwaltete Bundessteuer mit einer gegen das Land gerichteten Forderung und umgekehrt eine vom Bund verwaltete Landessteuer mit einer Forderung gegen den Bund kompensiert werden soll.

Es ist richtig, daß diese Fälle lösbar sind, wenn die Gegenseitigkeit statt nach der Ertragshoheit nach der Verwaltungshoheit bestimmt wird. Jedoch erfolgt die Lösung mit den unter bb) geschilderten Nachteilen. Das heißt, nunmehr ist die Aufrechnung in allen Fällen versagt, in denen sich eine vom Land verwaltete Bundessteuer und eine gegen den Bund gerichtete Forderung gegenüberstehen. Die eben behobenen Schwierigkeiten werden durch neue ersetzt; der Bürger erhält Steine statt Brot.

§ 226 Abs. 4 AO 1977 garantiert also zumindest für den Bürger keine bessere und praktikablere Lösung als bei der Bestimmung der Gegenseitigkeit nach der Ertragshoheit. Jedenfalls vermögen die dadurch erzielten Ergebnisse nicht von der Notwendigkeit der Fiktion zur Bestimmung der Steuergläubigerschaft — entgegen der nach der Verfassung vorgegebenen Bestimmung nach der Ertragshoheit — zu überzeugen. Für den Fiskus bedeutet das Abstellen auf die Verwaltungshoheit allerdings eine Erleichterung der Aufrechnung, weil das verwaltende Finanzamt nun die Wahl hat, die vom Bürger geltend gemachte Forderung mit Gegenforderungen zu verrechnen, die dem Bund *oder* dem Land zustehen.

---

[50] BFHE 76, 678 ff.

I. Gegenseitigkeit der Forderungen

Das Bedürfnis und die Rechtfertigung dieser einseitigen Bevorzugung eines der an der Aufrechnung Beteiligten sind zu bestreiten. Das Interesse des Staates und des Bürgers an der Verrechnung von Steuerforderungen ist als gleichwertig und nicht das Fiskalinteresse als höherwertig anzusehen. Mit § 226 Abs. 4 AO 1977 ist also weder eine praktikable noch eine interessengerechte Lösung gefunden worden.

e) Herstellung der Gegenseitigkeit durch Abtretung der Steuerforderungen

Das Problem des teilweisen Aufrechnungsausschlusses bei der Bestimmung der Steuergläubigerschaft nach der Ertragshoheit, hat in jüngster Zeit auch den Bundesfinanzhof[51] beschäftigt.

Ohne den eingenommenen Standpunkt hinsichtlich der Bedeutung der Ertragshoheit verlassen zu wollen, sucht er nach Mitteln und Wegen, um die Aufrechnung auch bei getrennter Ertrags- und Verwaltungshoheit für jede Aufrechnungslage zu ermöglichen. Er glaubt, dieses Ziel mittels Abtretung von Steuerforderungen erreichen zu können. Der BFH räumt ein, daß die §§ 398 ff. BGB — ausgenommen § 411 BGB — unmittelbar nur auf privatrechtliche Forderungen anzuwenden sind und eine entsprechende Anwendung dieser Bestimmungen auf öffentlich-rechtliche Ansprüche und Rechte nicht ohne weiteres möglich ist, sondern von der Art des Rechts und des Rechtsgebietes abhängt, dem sie zugehören. Er konstatiert auch, daß die Reichsabgabenordnung keine ausdrückliche Regelung über die Abtretung von Steueransprüchen enthält. Jedoch soll nach seiner Meinung durch das Schweigen des Gesetzes die analoge Anwendung der Vorschriften der §§ 398 ff. BGB nicht ausgeschlossen sein: Beispielsweise enthalte die Abgabenordnung auch keine Regelung über die Aufrechnung durch den Steuergläubiger, dennoch werde die Zulässigkeit einer solchen Aufrechnung als selbstverständlich angesehen, weil die Vorschriften des BGB über die Aufrechnung einen allgemeinen Rechtsgedanken enthielten. Offenbar soll nach der Auffassung des Bundesfinanzhofs die gleiche Bedeutung auch den §§ 398 ff. BGB zukommen. Er meint, „in Anbetracht dessen, daß eine Abtretung von Steueransprüchen durch das Gesetz nicht ausgeschlossen sei, könne gefolgert werden, daß sie grundsätzlich möglich ist"[52]. Für die Zulässigkeit von Zessionen im Steuerrecht spreche im

---

[51] BFHE 108, 564 ff.; vgl. dazu die Anmerkung von Selmer, JuS 1973, 580. In der Entscheidung BFHE 76, 678 war die Abtretung von Steuerforderungen mehr eine Empfehlung zur Herstellung der Aufrechnungslage, mit deren Zulässigkeit sich der BFH nicht näher auseinandersetzte.
[52] BFHE 108, 564 (567); vgl. ferner BGH, HFR 1964, 258; FG Hannover, EFG 1960, 155; VG Berlin, EFG 1963, 84; zust. *Paulick*, § 27 II 2, S. 206.

übrigen schon § 159 AO⁵³, wonach Erstattungs- und Vergütungsansprüche abgetreten werden können. Was die Zulässigkeit im Einzelfall anlange, müsse „nur das praktische Bedürfnis und die Verträglichkeit mit dem öffentlichen Interesse entscheidend sein". Dabei sei beachtlich, daß dem Steuerpflichtigen durch die — infolge der Abtretung möglich gewordene — Aufrechnung Beitreibungskosten erspart blieben. Im übrigen spricht nach Auffassung des Bundesfinanzhofes auch „die Befugnis des Finanzamtes, Steuern zu stunden (§ 127 AO) und sogar gemäß § 131 AO zu erlassen, dafür, daß es auch einen einzelnen Steueranspruch zwecks Einziehung abtreten kann". Die sich aus dem Grundgesetz ergebende Ertragshoheit werde nicht beeinträchtigt, wenn der Steuergläubiger im Einzelfall einen Steueranspruch an den Träger der Verwaltungshoheit abtrete. Auch sei nicht erkennbar, inwiefern eine solche Maßnahme mit dem föderativen Staatsaufbau der BRD nicht vereinbar sei, in dessen Rahmen im Grundgesetz eine Verschränkung von Ertrags- und Verwaltungshoheit der verschiedenen öffentlichen Körperschaften vorgesehen sei[54].

Diese Entscheidung ist nicht deshalb bedenklich, weil sich der Bundesfinanzhof damit in Widerspruch zu der herrschenden Meinung im Schrifttum[55] setzt. Aber sie ist abzulehnen, weil der BFH seine eigenen Ausführungen über die Beachtlichkeit der besonderen Wesenszüge des auszufüllenden Rechts Lügen straft und die Eigenarten unberücksichtigt läßt, die sich daraus ergeben, daß es sich um die Abtretung einer öffentlich-rechtlichen Forderung und noch dazu zwischen zwei Hoheitsträgern handelt. Es geht nicht um die Übertragung irgendeiner Forderung an irgendeine beliebige Person, sondern um die Abtretung von einer öffentlich-rechtlichen Körperschaft an eine andere. Das heißt, es geht um die Rechtsnachfolge in öffentlich-rechtliche Rechtspositionen und die damit verbundenen hoheitlichen Befugnisse, also um die Übertragung von Kompetenzen.

Kompetenzzuweisungen — das sind die Ermächtigungen und Beschränkungen, durch die die Beziehungen der Behörden untereinander geregelt und die zugehörigen Funktionen voneinander abgegrenzt werden[56] — erfolgen jedoch allein durch Gesetz oder Dienstanweisung[57].

---

[53] § 159 AO — Die Abtretung oder Verpfändung eines Erstattungs- oder Vergütungsanspruchs ist nur wirksam, wenn sie der Gläubiger der Finanzbehörde anzeigt, die über den Anspruch entschieden oder zu entscheiden hat.
[54] BFHE 108, 564 (568).
[55] *Tipke / Kruse*, RAO Kommentar, § 124 Anm. 3; § 97 Anm. 14; *Tipke*, Lehrbuch, 2. Aufl. 1974, § 9, 3.42; *v. Wallis* in Hübschmann / Hepp / Spitaler, § 124 Anm. 4; *Merk*: Steuerschuldrecht 1926, S. 98; *Bühler*, Lehrbuch des Steuerrechts, Bd. I, S. 222.
[56] *Forsthoff*: Lehrbuch des Verwaltungsrechts, 10. Aufl. 1973, § 23 2 c, S. 450.

I. Gegenseitigkeit der Forderungen

Sie sind damit der Disposition ihres Trägers entzogen; er darf die ihm eingeräumten Befugnisse nicht übertragen. Kompetenzen sind für ihre Träger unabänderlich, sie sind indisponibel. Das gilt für jede einzelne Steuerforderung. Es ist deshalb unrichtig, wenn der BFH meint, die Abtretung einer Einzelforderung sei zulässig, weil dadurch an der Gesamtkompetenz nichts geändert werde.

Die Abtretung von Steuerforderungen zur Herstellung der Gegenseitigkeit im Aufrechnungsverhältnis ist deshalb wegen des damit verbundenen Verstoßes gegen fundamentale Grundsätze des öffentlichen Rechts unzulässig. Dies hat der Bundesfinanzhof nicht beachtet. Sein Hinweis auf § 159 AO ist in diesem Zusammenhang wertlos, denn diese Vorschrift betrifft die Abtretung von Forderungen des Steuer*schuldners*, also gerade nicht den Fall, in dem durch Rechtsgeschäft in Kompetenzen eingegriffen werden soll. Die Verfügungsbefugnis des Finanzamtes aus § 131 AO und das Recht zur Stundung nach § 127 AO lassen keinerlei Schlüsse auf eine Abtretungsbefugnis zu; allein mit seinen am praktischen Bedürfnis und öffentlichen Interesse orientierten Überlegungen vermag das Gericht das Verbot gewillkürter Delegation nicht zu überwinden. Entgegen dem Bundesfinanzhof ist deshalb daran festzuhalten, daß Steueransprüche nur durch Gesetz, aber nicht durch Vereinbarung übertragen werden können[58].

Auch der Hinweis des Gerichts auf die vorgesehene Verzahnung von Ertrags- und Verwaltungshoheit geht fehl. Das zeigt Art. 108 Abs. 4 Satz 1 GG[59], der im Zuge der Finanzreform von 1969 neu aufgenommen worden ist. Er eröffnet die Möglichkeit eines Zusammenwirkens der Bundes- und Landesfinanzverwaltungen in der Steuerverwaltung oder eine gegenseitige Übertragung ihrer Verwaltungszuständigkeiten und -aufgaben, sofern ein entsprechendes Bundesgesetz ergeht. Hier geht es ebenfalls um Kompetenzübertragung bzw. -verflechtung. Das Grundgesetz macht ihre Zulässigkeit von dem Bestehen eines Gesetzes als Ermächtigungsgrundlage abhängig.

Dieses Erfordernis ist nicht auf den in der Verfassung genannten Bereich zu beschränken, sondern man darf darin eine Voraussetzung er-

---

[57] Auch die Aufspaltung der hoheitlichen Befugnisse in Ertrags- und Verwaltungshoheit und damit die Übertragung eines Teils der hoheitlichen Funktionen auf eine andere Gebietskörperschaft ist durch Gesetz erfolgt.
[58] RGZ 135, 30; 143, 91; *Tipke / Kruse*, § 97 An. 14; *Werner*, VerwArch Bd. 44 (1939), 287.
[59] Art. 108 Abs. 4 Satz 1 GG — Durch Bundesgesetz, das der Zustimmung des Bundesrates bedarf, kann bei der Verwaltung von Steuern ein Zusammenwirken von Bundes- und Landesfinanzbehörden sowie für Steuern, die unter Abs. 1 fallen, die Verwaltung durch Landesfinanzbehörden und für andere Steuern die Verwaltung durch Bundesfinanzbehörden vorgesehen werden, wenn und soweit dadurch der Vollzug der Steuergesetze erheblich verbessert oder erleichtert wird.

blicken, die in allen Fällen der Übertragung steuerrechtlicher Kompetenzen Geltung beansprucht. Die Abtretung von Steuerforderungen zwischen verschiedenen Hoheitsträgern ist also auch durch die Verfassung ausgeschlossen. Auf diese Weise läßt sich die zur Aufrechnung erforderliche Gegenseitigkeit bei getrennter Ertrags- und Verwaltungshoheit nicht herstellen[60].

3. Gemeinsame Ertragshoheit von Bund und Ländern

Ein besonderes Problem bei der Feststellung der Gegenseitigkeit im Aufrechnungsverhältnis ergibt sich in den Fällen gemeinsamer Ertragshoheit von Bund und Ländern, wie sie bei der Einkommen-, der Körperschaft- und der Umsatzsteuer besteht (Art. 106 Abs. 3 Satz 1 GG). Da Bund und Länder quotenmäßig an diesen Steueraufkommen beteiligt sind, die Verwaltung der Gemeinschaftsteuer aber ausschließlich den Ländern obliegt (Art. 108 Abs. 1 und 2 GG), besteht auch hier für den jeweiligen Bundesanteil eine Trennung von Ertrags- und Verwaltungshoheit. Dennoch ist allein mit der Anwendung der in dem vorstehenden Abschnitt herausgearbeiteten Grundsätze das Problem der Gegenseitigkeit nicht gelöst. Die Situation ist insofern eine andere, als die verwaltende Landesbehörde bei der Einziehung der Gemeinschaftsteuer nur teilweise Zahlung für fremde, teilweise aber auch für eigene Rechnung verlangt. Die Landesbehörden verlangen die Zahlung wohl im eigenen Namen, aber sie fordern Leistung an Bund und Land gemeinsam. Diese Rechtsstellung entspricht nach Art und Inhalt nicht der eines Einziehungsermächtigten, sondern derjenigen eines Mitgläubigers bestimmter Gemeinschaftsformen[61].

Ob die Gegenseitigkeit zwischen dem Steuerschuldner und einer Bund-Land-Gemeinschaft oder dem Bund bzw. einem Land allein besteht, hängt davon ab, ob und in welcher Form die Hoheitsträger untereinander eine Gläubigergemeinschaft bilden. Zur Verdeutlichung des Inhalts ihrer Beziehungen mag ein kurzer geschichtlicher Abriß über die frühere Verteilung der Ertragshoheit der drei Gemeinschaftsteuern beitragen:

---

[60] Auf die Frage, ob und in welchem Ausmaß der Abschluß öffentlich-rechtlicher Verträge allgemein und die einverständliche Verrechnung von Steuerforderungen im besonderen zulässig sind, soll hier nicht eingegangen werden. Die damit zusammenhängenden Probleme sind ganz anderer Natur als bei der hier behandelten Selbstexekution durch einseitige Aufrechnungserklärung. Sie können und sollen nicht gleichfalls Gegenstand dieser Arbeit sein.

[61] Ähnlich ist auch die Stellung von Pfandgläubiger und Gläubiger vor der Pfandreife; vgl. § 1281 BGB, wonach die Leistung zwar von einem verlangt, aber nur an beide gemeinsam bewirkt werden kann.

I. Gegenseitigkeit der Forderungen

a) Ertragshoheit für die Körperschaftsteuer, Einkommensteuer und Umsatzsteuer vor der Finanzreform von 1969

In seiner Erstfassung wies Art. 106 GG[62] die Ertragshoheit für die Umsatzsteuer allein dem Bund, für die Einkommen- und Körperschaftsteuer allein den Ländern zu. Durch das Finanzverfassungsgesetz von 1955[63] wurde Art. 106 GG geändert und das Aufkommen der Einkommen- und Körperschaftsteuer dem Bund und den Ländern im Verhältnis bestimmter Quoten zugewiesen. Die Ertragshoheit des Bundes für die Umsatzsteuer blieb dagegen unangetastet[64]. Mit dem Gesetz zur Änderung und Ergänzung des Art. 106 GG von 1956[65] wurde die Ertragszuständigkeit bzw. -beteiligung der Gemeinden und Gemeindeverbände, deren Ausgestaltung bis dahin allein dem Landesgesetzgeber überlassen war, im Grundgesetz festgelegt und so dem Bedürfnis der Gemeinden nach finanzieller Absicherung Rechnung getragen[66].

Entsprechend dieser Regelung wurde bis 1955 hinsichtlich der Umsatzsteuer eine Alleingläubigerschaft des Bundes, bezüglich der Einkommen- und Körperschaftsteuer eine Alleingläubigerschaft der Länder angenommen. Mit Einführung der gemeinsamen Beteiligung von

---

[62] Art. 106 GG.
(1) Die Zölle, der Ertrag der Monopole, die Verbrauchsteuern mit Ausnahme der Biersteuer, die Beförderungssteuer, die Umsatzsteuer und einmaligen Zwecken dienenden Vermögensabgaben fließen dem Bunde zu.
(2) Die Biersteuer, die Verkehrsteuer mit Ausnahme der Beförderungsteuer und der Umsatzsteuer, die Einkommen- und Körperschaftsteuer, die Vermögensteuer, die Erbschaftsteuer, die Realsteuern und die Steuern mit örtlich bedingtem Wirkungskreis fließen den Ländern und nach Maßgabe der Landesgesetzgebung den Gemeinden (Gemeindeverbänden) zu.

[63] Gesetz zur Änderung und Ergänzung der Finanzverfassung vom 23. 12. 1955, BGBl. I, S. 817.

[64] Art. 106 GG i. d. F. von 1955.
(1) Der Ertrag der Finanzmonopole und das Aufkommen der folgenden Steuern stehen dem Bund zu:
1. ...
2. ...
3. die Umsatzsteuer.
(3) Vom Aufkommen der Einkommensteuer und der Körperschaftsteuer stehen bis 31. März 1958 33 1/3 vom Hundert dem Bund und 66 2/3 vom Hundert den Ländern,
ab 1. April 1958 35 vom Hundert dem Bund und 65 vom Hundert den Ländern zu.

[65] v. 24. 12. 1956, BGBl. I, S. 1077.

[66] Art. 106 GG i. d. F. von 1956.
(6) Das Aufkommen der Realsteuern steht den Gemeinden zu. ... Von dem Länderanteil an der Einkommensteuer und der Körperschaftsteuer fließt den Gemeinden und Gemeindeverbänden insgesamt ein von der Landesgesetzgebung zu bestimmender Hundertsatz zu. Im übrigen bestimmt die Landesgesetzgebung, ob und inwieweit das Aufkommen der Landessteuern den Gemeinden (Gemeindeverbänden) zufließt.

Bund und Ländern an den letztgenannten Steuern wurde diese Auffassung 1956 revidiert und für die Einkommen- und Körperschaftsteuer eine Teilgläubigerschaft von Bund und Ländern entsprechend den ihnen zugewiesenen Quoten vertreten.

b) *Neuregelung der Ertragshoheit durch das Finanzreformgesetz von 1969*

Im Zuge der Finanzreform von 1969 wurden die Ertragszuständigkeiten erneut umgestaltet: Ziel der Reformgesetzgebung war einerseits die Erweiterung des Steuerverbundes[67], zum anderen der weitere Ausbau der Stellung der Gemeinden im bundesstaatlichen Finanzsystem. Die wesentlichen Neuerungen des Finanzreformgesetzes bestanden deshalb in der Einbeziehung der Umsatzsteuer in den Steuerverbund sowie der Beteiligung der Gemeinden am Länderanteil der Einkommensteuer nach Maßgabe eines Bundesgesetzes und der Erweiterung der Realsteuergarantie[68] um die herkömmlichen Verbrauch- und Aufwandsteuern. Eine Modifizierung gegenüber der früheren Regelung enthält auch der neu gefaßte Art. 106 Abs. 3 GG, der die Bestimmung der Anteile von Bund und Ländern am Aufkommen der Einkommen- und Körperschaftsteuer nicht mehr einem Bundesgesetz überläßt, sondern ihre hälftige Beteiligung bereits von Verfassungs wegen vorsieht.

Trotz der Legaldefinition der Gemeinschaftssteuern in Art. 106 Abs. 3 Satz 1 GG, wonach „das Aufkommen der Einkommensteuer, der Körperschaftsteuer und der Umsatzsteuer dem Bund und den Ländern gemeinsam zusteht", ist die Bestimmung der Steuergläubigerschaft nach der Finanzreform schwieriger geworden. Dem Wortlaut folgend, handelt es sich dabei um eine Bund-Länder-Gemeinschaft, doch ist die Beteiligung nur dieser beiden Körperschaften nicht ohne weiteres in Einklang zu bringen mit Art. 106 Abs. 5 und 7 GG, wonach auch den Gemeinden bzw. Gemeindeverbänden ein Anteil am Aufkommen der Gemeinschaftssteuern zukommen soll. Allein aus der Verfassung läßt sich also nicht entnehmen, ob nur Bund und Länder gemeinsame Gläubiger sind oder ob auch die Gemeinden dem Verbund hinzuzurechnen sind. Da außerdem der Verteilungsschlüssel und das -verfahren für das Aufkommen bei den drei Gemeinschaftsteuerarten zwischen Bund, Ländern und Gemeinden bzw. den Ländern oder Gemeinden untereinander nicht einheitlich geregelt ist, bleibt nach der Verfassung ebenfalls ungeklärt, ob die Beteiligten Teilgläubiger sind oder eine Gläubigergemein-

---

[67] Aus der Erkenntnis, daß eine Steuerverteilung nach dem Verbundsystem der wechselseitigen finanzwirtschaftlichen Verflochtenheit des Bundes, der Länder und der Gemeinden eher gerecht wird als eine ausschließlich oder überwiegend nach dem Trennsystem durchgeführte Steuerverteilung.

[68] Aus Art. 106 Abs. 6 GG i. d. F. von 1956.

schaft bilden. Sämtliche Fragen bedürfen aber der Klärung — und zwar für jede der Gemeinschaftsteuern gesondert —, wenn das Gegenseitigkeitsverhältnis zwischen dem Steuerschuldner und einem oder mehreren der beteiligten Hoheitsträger ermittelt werden soll.

c) Gläubigerschaft und Gegenseitigkeit bei der Körperschaftsteuer

Die Körperschaftsteuer wird durch Art. 106 Abs. 3 Satz 2 GG unmittelbar an Bund und Länder „je zur Hälfte" verteilt, ohne daß es noch eines Ausführungsgesetzes dazu bedarf. Von dem Länderanteil am Gesamtaufkommen der Körperschaftsteuer fließt den Gemeinden und Gemeindeverbänden — wie von allen Gemeinschaftsteuern — nach Art. 106 Abs. 7 Satz 1 GG „ein von der Landesgesetzgebung zu bestimmender Hundertsatz zu".

Das Grundgesetz sieht also zunächst eine Teilung des Ertrages in zwei Vermögensmassen und sodann eine Verminderung des einen Betrages um einen weiteren bestimmten Prozentsatz vor. Daraus folgt, daß die Gemeinden und Gemeindeverbände nicht gleichberechtigt neben den anderen beiden Körperschaften stehen. Es wird ihnen nicht eine quotenmäßige Beteiligung an dem Gesamtaufkommen eingeräumt, der Anteil von Bund und Ländern wird nicht zu gleichen Teilen gemindert, sondern die Kommunen sollen lediglich von dem Länderanteil bestimmte Beträge überwiesen erhalten. Bei dieser Art der Verteilung wird den Gemeinden und Gemeindeverbänden keine eigene Ertragshoheit eingeräumt, sondern den Ländern eine verfassungsrechtliche Verpflichtung zur Zuweisung einer bestimmten Quote ihres Gemeinschaftsteueranteils auferlegt[69]. Die verfassungsmäßige Ertragshoheit der Länder bleibt von dieser Verpflichtung unberührt. Es handelt sich bei der Abführung des Gemeindeanteils um Finanzzuweisungen im technischen Sinne und nicht um die Zuleitung eines Steueranteils, dessen Ertragshoheit den Gemeinden nach der Verfassung zusteht[70]. Gemeinsame Gläubiger der Körperschaftsteuer sind also nur Bund und Länder nicht auch die Gemeinden.

Ob und in welcher Höhe gegenüber jedem von ihnen oder beiden gemeinsam aufgerechnet werden kann, bzw. ob das Gegenseitigkeitsverhältnis zwischen dem Steuerschuldner und einer Bund-Land-Gemeinschaft oder nur einem der Hoheitsträger besteht, hängt von den Rechtsbeziehungen der gemeinsamen Gläubiger untereinander ab.

---

[69] *Vogel/Walter*, Bonner Kommentar, Zweitbearbeitung, Art. 106 Anm. 71.
[70] *Tipke*, Steuerrecht, 2. Aufl. 1974, § 9, 3.71, S. 106; *Meyer*, DöV 1969, 261 (264).

aa) Gesamtgläubiger

Das Recht des Landes, die Leistung im eigenen Namen, aber für Rechnung von Bund und Land gemeinsam zu verlangen, könnte dafür sprechen, daß Gesamtgläubigerschaft gemäß § 428 BGB vorliegt[71]. Danach ist jeder einzelne Gesamtgläubiger berechtigt, Leistung des Ganzen an sich selbst zu fordern. Dem Schuldner steht es offen, nach seinem Belieben an einen der mehreren Gläubiger zu leisten. Die Bedeutung dieser Gläubigergemeinschaft ist gering[72]. Eine Vermutung für die Gesamtgläubigerschaft, wie sie das Gesetz in § 427 BGB für die Gesamtschuld ausspricht, besteht nicht; ebensowenig eine allgemeine gesetzliche Bestimmung wie in § 431 BGB für die Gesamtschuld.

Abgesehen von der geringen praktischen Bedeutung der Gesamtgläubigerschaft im Rechtsverkehr entspricht diese Form der Gläubigermehrheit vor allem nicht dem, was der Gesetzgeber hinsichtlich der Berechtigung von Bund und Ländern an dem Steueraufkommen gewollt hat: Bund oder Land sollten nicht jeder auf das Ganze, sondern lediglich zu einem rechnerisch bestimmbaren Teil daran berechtigt sein. Es können auch weder der Bund noch das Land Leistung an sich allein verlangen. Erfüllung durch den Steuerschuldner tritt nicht unabhängig davon ein, ob an den Bund oder das Land geleistet wird, sondern Befreiung von der Verbindlichkeit gegenüber beiden tritt nur ein, wenn die Leistung an das Land erbracht wird.

bb) Teilgläubiger

Die reale — und nicht bloß ideele — Beteiligung von Bund und Ländern an den Steuerforderungen legt den Schluß nahe, daß sie Teilgläubiger sind. § 420 BGB enthält die Vermutung, daß aus einem Anspruch auf eine teilbare Leistung im Zweifel jeder Gläubiger nur zu einem Teil berechtigt ist. Die Vermutung des § 420 BGB gilt für alle Leistungen, die im natürlichen Sinne teilbar sind, es sei denn, es besteht aufgrund eines besonderen Rechtsverhältnisses eine gemeinsame Empfangszuständigkeit und damit Unteilbarkeit im Sinne des § 420 BGB[73]. Dann besteht keine Teil-, sondern Mitgläubigerschaft[74], das heißt,

---

[71] Für Gesamtgläubigerschaft, *Reinisch*, NJW 1964, 1064, der seine Auffassung mit dem Grundsatz der Einheit der Verwaltung begründet, ohne die Trennung von Ertrags- und Verwaltungshoheit auch nur mit einem Wort zu erwähnen. Vgl. auch *Kulla*, DB 1970, 610, der es damit getan sein läßt festzustellen, daß aus der früheren Allein- bzw. Teilgläubigerschaft eine gemeinsame Gläubigerschaft, also eine Gesamtgläubigerschaft geworden ist, ohne den Inhalt dieser Gemeinschaftsform mit der Ausgestaltung bei den Gemeinschaftsteuern zu überprüfen.

[72] Im Gesetz ist sie lediglich in § 2151 Abs. 3 BGB vorgesehen.

[73] BGH, NJW 1958, 1723; 1969, 839; BGHZ 39, 15.

[74] Der Begriff stammt von *Larenz*, Schuldrecht, Allg. Teil, § 32 I b, S. 374.

I. Gegenseitigkeit der Forderungen

mehrere sind in der Weise aus einer Forderung berechtigt, daß sie — gemeinsam oder einzeln — nur Leistung an alle verlangen können und der Schuldner an alle leisten muß.

Eine solche gemeinsame Empfangszuständigkeit von Bund und Ländern wäre anzunehmen, wenn sie Gesamthandsgläubiger (cc) wären, eine Gläubigergemeinschaft gemäß § 432 BGB (dd) bestünde oder wenn die Steuergläubiger eine Bruchteilsgemeinschaft nach §§ 741 ff. BGB bildeten (ee).

cc) Gesamthandsgläubiger

Bei den Gesamthandsgemeinschaften[75] bestehen die engsten Bindungen zwischen mehreren Mitgläubigern. Hier sind mehrere Gläubiger an einem Sondervermögen im ganzen beteiligt, welches ihnen „zur gesamten Hand" zusteht. Das heißt, sie besitzen keinen rechnerischen Anteil an den einzelnen Forderungen der Gesamthand, sondern eine Beteiligung und einen Auseinandersetzungsanspruch hinsichtlich des gesamten Sondervermögens. Die wesentliche Eigenschaft der gesamthänderischen Bindung zeigt sich darin, daß die Gesamthänder niemals über ihre Anteile an den einzelnen Gegenständen und grundsätzlich nicht allein über ihren Anteil an dem gesamten Sondervermögen verfügen können[76]. Das hat für Gesamthandsforderungen die Folge, daß nur alle Gesamthänder zusammen die Forderung geltend machen können.

Gerade dies hat der Gesetzgeber in Art. 108 Abs. 1 und 2 GG nicht vorgesehen. Er hat eine Regelung entgegen den Grundsätzen der Gesamthandsgemeinschaft getroffen. Nicht Bund und Land gemeinsam sollen zur Geltendmachung der Steuerforderung berechtigt sein, sondern das Land soll allein Leistung an beide verlangen können. Dieses Recht des Landes gleicht eher der Befugnis, die § 432 BGB mehreren Gläubigern einer unteilbaren Leistung und § 2039 BGB ausnahmsweise den Miterben einräumt. Zwar besteht insofern eine Abweichung, als nicht jedem, sondern nur einem der beteiligten Gläubiger das Recht zustehen soll, inhaltlich — und das ist entscheidend — sind die jeweils erteilten Einziehungsbefugnisse jedoch kongruent.

Damit wird die Frage aufgeworfen, ob bei einer Berechtigung gemäß § 432 BGB eine Forderungsgemeinschaft eigener Art entsteht oder ob diese Regelung auch auf Gesamthandsgemeinschaften anwendbar ist.

---

[75] *Fikentscher*, Schuldrecht, 3. Aufl., § 63 II, S. 343.
[76] Vgl. §§ 719, 1419 BGB. Zur Gesamthandsgemeinschaft vgl. *Esser*, Schuldrecht, Band 1, 4. Aufl., § 57 IV, S. 429; *Fikentscher*, Schuldrecht, 3. Aufl., § 63 II, S. 343; *Larenz*, Schuldrecht I, 10. Aufl., § 32 I b, S. 374; *v. Gierke*, Deutsches Privatrecht, 3. Band, § 183 V, S. 277; *Enneccerus / Lehmann*, Zweiter Band, 15. Aufl., § 89, S. 356.

Vorausgesetzt, § 432 BGB ist mit der körperschaftlichen Struktur einer Gesamthandsgemeinschaft vereinbar, hätte das für die Aufrechnung zur Folge, daß Gegenseitigkeit im Sinne des § 387 BGB nur zwischen dem Steuerschuldner und der Gemeinschaft beider Körperschaften besteht. Die gesamthänderische Bindung von Bund und Land, die eine quotenmäßige Berechtigung beider ausschließt, stünde einer wechselseitigen Gläubiger-Schuldner-Beziehung mit nur einem der Gläubiger im Wege.

Die Rechtsprechung hat in mehreren Entscheidungen für eine Anwendung des § 432 BGB auf Gesamthandsgemeinschaften votiert. Das Reichsgericht[77] hielt jeden Gesellschafter für persönlich berechtigt, Gesellschaftsforderungen gegen Dritte geltend zu machen. Auch der BGH geht noch davon aus, daß die Gesamthandsforderung sich trotz ihrer Bindung in dem Gemeinschaftsverhältnis grundsätzlich nach § 432 BGB richtet und daß eine selbständige Geltendmachung der Forderung durch einen Gesellschafter nur bei einer andersartigen Ausgestaltung der Gesamthand durch Gesetz oder Vertrag ausscheidet[78]. Ersichtlich hält der BGH die Einräumung dieser Befugnis an einen Gesamthänder aber nicht für wünschenswert; so sieht er — im Gegensatz zum Reichsgericht — beispielsweise für die BGB-Gesellschaft eine Sonderregelung des Rechts zur Geltendmachung in § 709 BGB und ist nun bestrebt, immer strengere Maßstäbe an die Voraussetzungen zur individuellen Einziehung einer Gesellschaftsforderung anzulegen[79].

Obgleich er hinsichtlich der Anwendbarkeit mehr und mehr zurückweicht, hat der BGH bisher seine Grundauffassung nicht aufgegeben, daß § 432 BGB auch bei Gesamthandsgemeinschaften anwendbar ist. Das ist inkonsequent; der BGH hätte besser daran getan, das als Ausnahme zu qualifizieren, was auch er im Regelfall nicht gelten lassen will. Abgesehen davon, ist die Auffassung dogmatisch nicht haltbar: Inhaber der Rechte einer Gesamthandsgemeinschaft sind alle Gesamthänder zusammen in ihrer Verbundenheit als Gemeinschaft. Die Bindung der Gemeinschaftsforderung an sämtliche Gesamthänder widerspricht der selbständigen Geltendmachung durch einen einzelnen Gesamthänder. Es ist ein Fehlschluß des BGH anzunehmen, nur die be-

---

[77] RGZ 70, 32; 76, 280; 86, 68.
[78] BGHZ 12, 308; 17, 340; 39, 14.
[79] Der BGH verlangt ein besonderes Interesse des Gesellschafters an der persönlichen Geltendmachung. Hierfür reichte es zunächst aus (E 12, 308), wenn das Interesse des klagenden Gesellschafters mit dem Gemeinschaftsinteresse der Gesellschaft nicht in Widerspruch stand. In E 17, 340 schränkte der BGH die Berechtigung so weit ein, daß dem einzelnen Gesellschafter eine alleinige Geltendmachung einer Gesellschaftsforderung nur noch dann zustehen sollte, wenn der andere Gesellschafter die Eintreibung durch ein bewußtes Zusammenwirken mit dem Gesellschaftsschuldner verhinderte. Die letzte zu dieser Frage ergangene Entscheidung (E 39, 14) stellt klar, daß das Interesse *nur* in diesem Fall angenommen werden soll.

sondere Gestaltung einer Gesamthandsgemeinschaft schließe die selbstständige Geltendmachung von Gesamthandsansprüchen durch einen Gesamthänder aus. Die Bindung des einzelnen Rechts beruht nicht auf Sonderrecht, sondern entspricht dem Wesen dieser Gemeinschaftsform. Die gesetzliche Bestimmung einer gemeinsamen Geltendmachung ist nur Ausfluß des Gesamthandsprinzips und nicht, wie der BGH meint, dessen besondere Gestaltung. § 432 BGB ist mit der Struktur einer gesamthänderischen Gemeinschaft unvereinbar[80].

Die Anwendbarkeit des § 432 BGB läßt sich auch nicht mit § 2039 BGB begründen. Für die Erbengemeinschaft war die Einführung dieser Sonderbestimmung notwendig, weil es dem Willen des Erblassers bzw. bei der gesetzlichen Erbfolge dem Zufall überlassen bleibt, wer zur Erbengemeinschaft gehört und weil infolgedessen auch eine Regelung der Geschäftsführung fehlt, die bei der Ordnung des Gemeinschaftsverhältnisses sonst von den Gesamthändern natürlicherweise getroffen wird. Es handelt sich bei § 2039 BGB um eine Ausnahmebestimmung, die eine zweckmäßige Regelung entsprechend den besonderen Bedürfnissen der Miterbengemeinschaft trifft. Einer Verallgemeinerung auf sämtliche Gesamthandsgemeinschaften ist diese Vorschrift nicht fähig[81].

Die Übertragung der Verwaltungshoheit auf das Land und die damit verbundene Ermächtigung, Zahlung der gesamten Körperschaftsteuerschuld an das Land — für Rechnung von Bund und Land — zu verlangen, schließt der Natur nach das Bestehen einer Gesamthandsgemeinschaft zwischen Bund und Ländern aus.

dd) Mitgläubiger gemäß § 432 BGB

Es besteht aber auch keine Mitgläubigergemeinschaft eigener Art nach § 432 BGB. Wenn überhaupt, wird eine Forderungsgemeinschaft durch diese Regelung nur bei einer unteilbaren Leistung begründet. Der Anspruch auf Zahlung der Körperschaftsteuer — also auf Geld — ist jedoch auf eine teilbare Leistung gerichtet[82], für die § 432 BGB nicht gilt.

---

[80] Im Ergebnis wie hier, *Diederichsen*, MDR 1963, 632 ff.; a. A. *Erman / Westermann*, BGB Handkommentar, 1. Band, 5. Aufl. 1972, Vor § 420 Anm. 13 m. w. N.
[81] *Larenz*, JherJb Band 83, S. 108 (168 ff.).
[82] Dieser Begriff ist nicht unstreitig. Nach wohl richtiger Meinung kommt es für die Frage der Teilbarkeit nicht auf den beteiligten Personenkreis, sondern auf den Leistungsgegenstand an. Danach ist eine Leistung teilbar, wenn sie ohne Wertminderung in mehrere gleichartige Teile zerlegt werden kann und der durch sie bezweckte Erfolg auch durch eine Mehrheit gleichartiger Leistungen verwirklicht wird. Vgl. *Esser*, Schuldrecht Band 1, 4. Aufl. 1970, § 57 II, S. 428 m. w. N.; a. A. BGH, NJW 1958, 1723; NJW 1968, 839.

ee) Bruchteilsgläubiger

Das Wesen der schlichten Rechtsgemeinschaft liegt in der rechnerisch bestimmbaren, anteilsmäßigen Beteiligung der Teilhaber an einem Gegenstand und in dem damit verbundenen Zusammenschluß der Mitberechtigten zu einer Personenverbindung[83]. Sie entsteht meist ohne einen auf ihre Entstehung gerichteten Willen der Beteiligten; sie ist eine Interessengemeinschaft zwischen mehreren Teilhabern, ohne daß ein Sondervermögen zur Verfolgung eines bestimmten gemeinsamen Zweckes vorhanden ist[84].

Im Gegensatz zu der Teilgläubigerschaft kann nicht jeder der Berechtigten einen quantitativ bestimmten Teil der Leistung für sich fordern, sondern die Leistung steht als einheitliche den mehreren gemeinsam zu. Das gilt auch bei einer im natürlichen Sinne teilbaren Leistung, da der gemeinschaftliche Verwendungszweck eine rechtliche Unteilbarkeit begründet[85]. Allerdings gehört es nicht zum Wesen der gemeinschaftlichen Forderung, daß sie nur von allen Gläubigern zusammen geltend gemacht werden kann; vielmehr ist auch eine solche Gestaltung mit der Struktur der gemeinschaftlichen Forderung verträglich, bei der einzelne Mitberechtigte allein Leistung an alle verlangen können[86]. Das ändert nichts daran, daß die Forderung den Gläubigern einheitlich zur Verfolgung eines gemeinsamen Zweckes zusteht.

Genau das ist aber bei den gemeinsamen Steuergläubigern nicht der Fall. Bund und Land verfolgen keine gemeinsamen, sondern jeder mit dem ihm gebührenden Anteil getrennte, eigene Zwecke. Sie sind deshalb auch nicht lediglich mit einem rechnerisch bestimmbaren, ideellen Bruchteil, sondern mit einem realen Anteil an den Steuerforderungen beteiligt. Also sind sie auch nicht Bruchteilsgläubiger.

ff) Ergebnis

Es hat sich gezeigt, daß zwischen Bund und Land keine Form der Mitgläubigerschaft besteht. Die Vermutung des § 420 BGB ist also durch keine andere Gemeinschaftsform außer Kraft gesetzt, sondern

---

[83] *Esser*, Schuldrecht Band 1, 4. Aufl. 1970, § 57 IV, S. 429; *Larenz*, Schuldrecht I, 10. Aufl. 1970, § 32 I b, S. 375; *Fikentscher*, Schuldrecht, 3. Aufl. 1971, § 63 I, S. 342.

[84] *Staudinger / Vogel*, Kommentar zum BGB, 11. Aufl. 1959, Band II, Teil 4, Lfg. 2, Vorbem. 3 zu § 741; *Soergel / Siebert / Schultze v. Lasaulx*, BGB Kommentar, Band 3, Vorbem. 1 zu § 741.

[85] *Soergel / Siebert / Schultze v. Lasaulx*, BGB Kommentar, Band 3, § 741 Anm. 13.

[86] *Larenz*, JherJb Band 83, 108 (168); *Leonhard*, Allg. Schuldrecht des BGB, Erster Band, 1929, S. 735; eine derartige Ausgestaltung enthält z. B. § 1281 BGB.

I. Gegenseitigkeit der Forderungen

kommt hier voll zum Tragen. Bund und Land sind also Teilgläubiger der Körperschaftsteuer — und zwar jeder bis zur Hälfte.

Für die Aufrechnung mit und gegen Körperschaftsteuerforderungen ergibt sich aus allem folgendes: Gegenseitigkeit im Sinne des § 387 BGB besteht zwischen dem Steuerschuldner und jeweils dem Bund oder dem Land, nicht mit der Gemeinschaft beider Körperschaften. Die Körperschaftsteuerforderung kann daher jeweils bis zur Hälfte mit Forderungen des Steuerschuldners gegen den Bund oder das Land verrechnet werden[87].

d) Gläubigerschaft und Gegenseitigkeit bei der Einkommensteuer

Hinsichtlich der Einkommensteuer sieht Art. 106 Abs. 3 Satz 2 GG ebenfalls eine Beteiligung von Bund und Ländern je zur Hälfte vor. Das läßt zunächst auf eine Gläubigerstellung wie bei der Körperschaftsteuer schließen. Jedoch darf Satz 2 nicht nur für sich, sondern muß im Zusammenhang mit Satz 1 gelesen werden, der die gemeinsame Gläubigerschaft von Bund und Ländern bei der Einkommensteuer nur insoweit annimmt, als „das Aufkommen nicht nach Abs. 5 den Gemeinden zugewiesen wird". „Aufkommen der Einkommensteuer", das sich Bund und Länder nach Satz 2 teilen, ist nicht das Gesamtaufkommen, sondern nur der nach Abzug des Gemeindeanteils verbleibende Rest. Daraus folgt, daß es sich bei den „Zuweisungen" an die Gemeinden nach Art. 106 Abs. 3 Satz 1 GG nicht um Finanzzuweisungen im technischen Sinne, sondern um die Überweisung eines Steueraufkommens handelt, dessen Ertrag den Gemeinden von Verfassungs wegen zusteht. Die Ertragshoheit ist also nicht nur zwischen Bund und Ländern, sondern zwischen Bund, Ländern und Gemeinden geteilt[88].

Wie hoch der Anteil der Gemeinden und entsprechend das auf Bund und Länder je zur Hälfte zu verteilende Aufkommen der Einkommensteuer ist, hängt davon ab, welcher Prozentsatz den Gemeinden zuge-

---

[87] Der jeweilige Landesanteil wird von dem „örtlichen Aufkommen" gemäß Art. 107 Abs. 1 Satz 1 GG abgezogen, so daß den Ländern bei der Körperschaftsteuer nicht nur quotenmäßig, sondern auch real die Hälfte des Steueraufkommens zusteht.

[88] Das leugnen *Vogel / Walter*, Bonner Kommentar, Zweitbearbeitung, Art. 106 Anm. 45, 53, 78, wenn sie eine Einteilung des Einkommensteuer-Aufkommens in einen Gemeinschaftssteuer- und einen Gemeindesteueranteil vornehmen. Sie sind dabei zu sehr der Legaldefinition nach Art. 106 Abs. 3 Satz 1 GG verhaftet, ohne zu bemerken, daß bei der Einkommensteuer die Formulierung sich nicht mit den tatsächlichen Gegebenheiten deckt. Wie hier, *Hans Meyer*, DöV 1969, 261 (264); *Elsner / Schüler*, Gemeindefinanzreformgesetz, Kommentar, S. 85 f.; *J. W. Schmidt*, Gemeindefinanzreformgesetz, Kommentar, Tz 141, S. 66; unklar *Schmidt-Bleibtreu / Klein*, Kommentar zum Grundgesetz, 3. Aufl. 1973, Art. 106 Rn. 12.

wiesen ist. Nach Art. 106 Abs. 5 Satz 2 GG hat die Festsetzung durch den Bundesgesetzgeber zu erfolgen. In § 1 Gemeindefinanzreformgesetz[89] ist der Gemeindesteueranteil mit 14 vom Hundert an dem Gesamtaufkommen festgesetzt worden. Bund und Land verbleibt danach je ein Anteil von 43 vom Hundert.

Da auch die Einkommensteuer von Landesbehörden verwaltet wird, gilt bezüglich der Gläubigerstellung von Bund und Land das zur Körperschaftsteuer Gesagte. Sie sind Teilgläubiger, bei denen eine Aufrechnung durch und gegen jeden einzelnen Beteiligten bis zur Höhe seines Anteils möglich ist.

Obgleich auch die Gemeinden in den Steuerverbund mit einbezogen und Gläubiger eines bestimmten Forderungsanteils sind, ist zweifelhaft, ob sie einzeln oder nur in ihrer Gesamtheit als Gläubiger angesehen werden können.

Der einzelnen Gemeinde steht kein Anteil an dem öffentlichen Aufkommen zu, sondern das Gemeindefinanzreformgesetz sieht für die Berechnung der Beteiligung der Gemeinden an der Einkommensteuer ein zweistufiges Verfahren vor: Zunächst wird die Gesamtheit der Gemeinden eines jeden Bundeslandes am gesamten Aufkommen an Lohnsteuer und veranlagter Einkommensteuer im jeweiligen Landesgebiet unter Berücksichtigung der Zerlegung der Lohnsteuer nach Art. 107 Abs. 1 GG beteiligt[90]. In einem zweiten Schritt wird sodann dieser der Gesamtheit der Gemeinden zustehende „Gemeindeanteil an der Einkommensteuer" nach einem Verteilungsschlüssel auf die einzelnen Gemeinden aufgeteilt[91]. Folglich ist auch nach dem Eingang der Einkommensteuer der Anteil der einzelnen Gemeinde noch nicht bestimmbar, weil bei dieser Art der Verteilung die Anteile der einzelnen Gemeinden verschieden groß sind. Es lassen sich an dem der Gesamtheit aller Gemeinden zustehenden Hundertsatz vor der Zerlegung und Verteilung keine rechnerischen Anteile an den Steuerforderungen für die einzelnen Gebietskörperschaften bilden. Sie haben lediglich eine Beteiligung und einen Auseinandersetzungsanspruch hinsichtlich des Aufkommens, das allen Gemeinden eines Landes zusammen zugewiesen ist. Das bedeutet, daß die Gemeinden eines Landes bezüglich des Gemeindeanteils an der Einkommensteuer Gesamthandsgläubiger sind. Die einzelne Gemeinde kann deshalb über den ihr zukommenden Anteil an der Einkommensteuerforderung nicht verfügen, also auch nicht aufrechnen. Berechtigt an dem Gemeindesteueranteil der Einkommensteuer ist die Gemeinschaft der Gemeinden; zwischen ihr und dem Steuerschuldner besteht das

---

[89] Vom 8. September 1969, BGBl. I, S. 1587.
[90] § 1 Gemeindefinanzreformgesetz.
[91] §§ 2, 3 Gemeindefinanzreformgesetz.

Gegenseitigkeitsverhältnis im Sinne des § 387 BGB. Damit ist eine Aufrechnungsmöglichkeit gegenüber dem Gemeindesteueranteil der Einkommensteuer zwar nicht grundsätzlich ausgeschlossen, aber doch praktisch bedeutungslos. Erstattungs- oder sonstige Ansprüche des Steuerschuldners gegenüber allen Gemeinden sind ebensowenig denkbar, wie umgekehrt eine Forderung aller Gemeinden eines Landes gegen einen Steuerschuldner.

Im Ergebnis besteht deshalb auch bei der Einkommensteuer nur die Möglichkeit zur Aufrechnung mit Forderungen des Steuerschuldners gegen den Bund oder das Land, wobei allerdings die Verrechnung nicht jeweils bis zur Hälfte des Gesamtaufkommens, sondern nur bis zu einer Quote von 43 vom Hundert erfolgen kann. Erklärungsempfänger ist wie bei der Körperschaftsteuer die einzugsberechtigte Landesbehörde.

e) Gläubigerschaft und Gegenseitigkeit bei der Umsatzsteuer

Im Gegensatz zur Einkommen- und Körperschaftsteuer ist das Beteiligungsverhältnis des Bundes und der Länder am Aufkommen der Umsatzsteuer nicht durch das Grundgesetz selbst festgelegt. Gemäß Art. 106 Abs. 3 Satz 3 GG werden „die Anteile von Bund und Ländern durch Bundesgesetz festgesetzt, das der Zustimmung des Bundesrates bedarf".

Dieses Bundesgesetz ist somit Voraussetzung einer verfassungsmäßigen Verteilung der Umsatzsteuer auf Bund und Länder. Der Bundesgesetzgeber hat diesen Verfassungsauftrag zunächst für die Rechnungsjahre 1970 und 1971[92], verspätet dann auch für die Jahre 1972 und 1973[93] erfüllt. In dem Dritten Gesetz zur Änderung des Finanzausgleichsgesetzes[94] sind die Anteile für die Rechnungsjahre 1974 bis 1976 festgesetzt. 1974 betrug der Bundesanteil 63 vom Hundert, der Länderanteil 37 vom Hundert des Gesamtaufkommens. Für 1975 und 1976 sind Anteile von 62 vom Hundert für den Bund und 38 vom Hundert für die Länder vorgesehen.

Die Gemeinden sind an dem Umsatzsteueraufkommen wie bei der Körperschaftsteuer nach Art. 106 Abs. 7 Satz 1 GG beteiligt. Das heißt, sie haben keine eigene Ertragshoheit, sondern werden durch Finanzzuweisungen aus dem Länderanteil am Gesamtaufkommen zu einem bestimmten Hundertsatz an der Umsatzsteuer beteiligt.

---

[92] Gesetz über den Finanzausgleich zwischen Bund und Ländern vom 28. August 1969, BGBl. I, S. 1432.
[93] Zweites Gesetz zur Änderung des Gesetzes über den Finanzausgleich zwischen Bund und Ländern vom 27. Oktober 1972, BGBl. I, S. 2049.
[94] Vom 8. Mai 1974, BGBl. I, S. 1045.

Die Gläubigergemeinschaft umfaßt also nur zwei Beteiligte. Ihrer Rechtsnatur nach handelt es sich auch hier um Teilgläubiger. Wie bei der Einkommen- und Körperschaftsteuer liegt die Verwaltungshoheit gemäß Art. 108 Abs. 1 und 2 GG bei den Ländern, und wie bei den anderen Gemeinschaftsteuern sind die Länder mit einer bestimmten Quote an dem Gesamtaufkommen beteiligt. Dennoch besteht ein wesentlicher Unterschied: Die quotenmäßige Beteiligung an dem Umsatzsteueraufkommen richtet sich nicht nach dem örtlichen Aufkommen gemäß Art. 107 Abs. 1 Satz 1 GG, sondern die Verteilung erfolgt nach einem Verfahren, das unter Berücksichtigung der in Art. 106 Abs. 3 Ziff. 1 und 2 GG niedergelegten Grundsätze entwickelt und in dem Finanzausgleichsgesetz von 1969[95] festgelegt worden ist. Danach werden von dem gesamten Länderanteil an der Umsatzsteuer 75 vom Hundert im Verhältnis der Einwohnerzahl auf die einzelnen Länder verteilt[96]. Die restlichen 25 vom Hundert werden nach einem Schlüssel verteilt, der um Ausgleich zwischen den sogenannten armen und reichen Ländern bemüht ist und Ergänzungsanteile für diejenigen Länder vorsieht, die mit dem Landessteueraufkommen proportional zu der Einwohnerzahl unter dem Länderdurchschnitt liegen[97].

Letztlich erhält also nicht jedes Land einen Anteil in Höhe von 38 vom Hundert der in seinem Hoheitsgebiet vereinnahmten Umsatzsteuer, sondern ein Anteil in der genannten Höhe steht allen Ländern gemeinsam zu, und zwar von dem Aufkommen an Umsatzsteuer im gesamten Bundesgebiet und nicht von dem Gesamtaufkommen eines Landes. Die Verteilung des Ländergesamtanteiles erfolgt nach Gesichtspunkten, die dazu führen, daß das einzelne Land schließlich auch einen höheren oder niedrigeren Anteil als 38 vom Hundert des Gesamten erhält.

Teilgläubiger ist also nicht jedes einzelne Land, sondern neben dem Bund die Gemeinschaft aller Länder. Das einzelne Land hat vor der Verteilung des Gesamtanteils der Länder an dem Umsatzsteueraufkommen keinen rechnerischen oder bezifferbaren Anteil an der Umsatzsteuer. Die Länder sind nur als Gesamtheit an dem Ertrag der Umsatzsteuer mitberechtigt. Bis zur endgültigen Verteilung sind sie wie Gesamthänder untereinander gebunden. Einzeln sind sie daher hinsichtlich des Länderanteils an jeder Umsatzsteuerforderung weder verfügungs- noch aufrechnungsbefugt. Das hat zur Folge, daß gegen eine Umsatzsteuerforderung zwar mit einer Forderung gegen den Bund, aber nicht mit einer an das Land gerichteten Forderung aufgerechnet werden

---

[95] BGBl. I, S. 1432.
[96] § 2 Abs. 1 Gesetz über den Finanzausgleich zwischen Bund und Ländern.
[97] § 2 Abs. 2 und 3 i. V. m. § 7 Abs. 1 und 2 Gesetz über den Finanzausgleich zwischen Bund und Ländern.

kann. Erklärungsempfänger bzw. im umgekehrten Fall Erklärende sind die Landesbehörden als Ausübungsermächtigte. Die Aufrechnung mit Gegenforderungen an das Land oder eine Gemeinde ist bei der Umsatzsteuer ausgeschlossen.

II. Verschärfung der Voraussetzungen durch § 395 BGB?

Das Bürgerliche Gesetzbuch enthält mit § 395 BGB eine Regelung, die über das Erfordernis der Gegenseitigkeit hinaus die Aufrechnung gegen Forderungen des „Reichs" oder eines „Bundesstaates" sowie einer „Gemeinde" oder eines anderen „Kommunalverbandes" nur zuläßt, wenn die Leistung an dieselbe Kasse zu erfolgen hat, aus der die Forderung des Aufrechnenden zu berichtigen ist"[98]. Es wird also für die Aufrechnung gegen öffentlich-rechtliche Forderungen nicht nur Gegenseitigkeit, sondern darüber hinaus Kassenidentität verlangt.

Auf diese Weise soll eine „Verwirrung" im öffentlichen Kassen- und Rechnungswesen vermieden werden, die immer dann auftreten könnte, wenn die Forderung des Aufrechnenden gegen das Reich aus einer anderen Kasse zu berichtigen ist als aus der Kasse, an welche die eigene Leistung zu erfolgen hat[99]. Das heißt, verhindert werden sollen behördeninterne Ausgleichszahlungen bzw. Rück- und Umbuchungen in den einzelnen Kassenbüchern. Der Grund dieser Regelung ist also in organisatorischen, speziell kassentechnischen Problemen zu suchen. Dabei bleibt unverständlich, weshalb diese Schwierigkeiten nur bei der Aufrechnung *gegen* den Staat, aber nicht im umgekehrten Fall eintreten sollen. Die Aufrechnung *mit* Forderungen des „Reichs" usw. wird jedenfalls nicht den Beschränkungen des § 395 BGB unterworfen. Der Einwand, das BGB habe mangels Zuständigkeit die Aufrechnung durch den Staat nicht regeln können, zieht nicht. Auch und gerade zur Zeit der Schaffung dieses Gesetzes gab es Rechtsverhältnisse zwischen Staat und Bürger, die als privatrechtliche angesehen wurden. Der Reichsgesetzgeber hätte daher die Aufrechnung mit und gegen Forderungen des

---

[98] Die Vorschrift geht zurück auf §§ 368, 369 preuß. ALR I, 16 und 1. 1 Cod. 4, 31, wonach die Kompensation „in causa fiscali" nur dann zulässig war, „si eadem statio quid debeat quae petit, propter confusionem diversorum officiorum".
[99] RGZ 82, 232 (237). „Denn die letztere Kasse würde, wenn die an sie zu berichtigende Forderung durch Aufrechnung mit der aus der anderen Kasse zu berichtigenden Forderung getilgt würde, einer Einnahme entbehren, die ihr bestimmungsgemäß zufließen sollte, während die andere Kasse dadurch, daß der Ausgabeposten in Wegfall käme, einen größeren Kassenbestand hätte, als ihr zukommen sollte, um die Kassen auf einen den Verwaltungsverordnungen entsprechenden Bestand zu bringen, ein Ausgleich zwischen den Kassen unter mehrfachen Umbuchungen in den Kassenbüchern stattfinden."

Staates dem „Kassenprivileg" unterwerfen können, ohne seine Befugnisse zu überschreiten. So ist die Verschärfung des Gegenseitigkeitserfordernisses eindeutig zu Lasten des Bürgers nicht — zumindest nicht aus organisatorischen Gründen — verständlich.

Ob die Einschränkung des § 395 BGB auch im Steuerrecht gilt, hängt davon ab, ob neben der speziellen Regelung des § 124 AO noch Raum für die Anwendung des § 395 BGB bleibt. In § 124 AO ist die Aufrechnung gegen Steueransprüche nicht der Voraussetzung „eadem statio fisci" unterworfen, sondern ohne Rücksicht darauf zulässig, an welche Kasse die Leistung zu erfolgen hat. Es fällt auf, daß zwischen dieser steuerrechtlichen Regelung in der Reichsabgabenordnung von 1919 und der zivilrechtlichen Regelung des Bürgerlichen Gesetzbuches ein Zeitraum von fast 20 Jahren liegt. Wahrscheinlich hat sich in dieser Zeit herausgestellt, daß die Schwierigkeiten, deren Eintritt § 395 BGB verhindern sollte, gar nicht bestanden oder nicht ins Gewicht fielen. Anders wäre es nicht verständlich, daß den Steuerbehörden gegenüber auf das Kassenprivileg verzichtet werden konnte. Aufbau und Organisation der Finanzämter sind nicht so verschieden gegenüber dem anderer Verwaltungsbehörden, als daß sich allein daraus der Verzicht auf die „Kassenidentität" des § 395 BGB erklären ließe. Welche Gründe den Gesetzgeber damals bewogen haben, § 124 AO = 103 a. F. in dieser Fassung in die Abgabenordnung aufzunehmen, ist nicht feststellbar. Die Materialien sind spärlich und betreffen andere Elemente der Vorschrift.

Es wäre aber sicherlich verfehlt anzunehmen, eine dem § 395 BGB entsprechende Regelung sei nur deshalb nicht in das Steuerrecht übernommen worden, weil der Gesetzgeber das Problem nicht gesehen habe. Das Gegenteil ist der Fall: Vorschriften in der Beitreibungsordnung[100] und der Amtskassenordnung[101] zeigen, daß die Aufrechnung in dem von ihnen zu regelnden Bereich ohne die Beschränkung des § 395 BGB zulässig sein soll. Nach § 32 Abs. 3 BeitrO soll die Vollstreckungsabteilung des Finanzamtes „gegen Forderungen, die aus einer anderen Kasse der Reichsfinanzverwaltung zu begleichen sind, ... die Aufrechnung erklären, wenn die Stelle, der es obliegt, den vom Reich geschuldeten Betrag auszuzahlen oder Anweisung zur Auszahlung zu erteilen, die Vollstreckungsabteilung um die Aufrechnung ersucht hat". Das soll entsprechend auch „für die Aufrechnung gegen Forderungen" gelten, „die das Reich aus einer nicht dem Reichsminister der Finanzen unterstellten Kasse zu begleichen hat".

Im umgekehrten Fall der Aufrechnung des Steuerschuldners gegenüber dem Finanzamt soll bei mangelnder Kassenidentität die Voll-

---
[100] Vom 23. Juni 1923, Reichsministerialblatt 1923, S. 595.
[101] Vom 12. März 1938, Amtsblatt der Reichsfinanzverwaltung 1938, S. 57 ff.

II. Verschärfung der Voraussetzungen durch § 395 BGB?

streckungsabteilung nach § 33 Abs. 4 BeitrO „der Behörde, der es obliegt, den vom Reiche geschuldeten Betrag auszuzahlen oder Anweisung zur Auszahlung zu erteilen, Nachricht von der Aufrechnung" geben und „die Behörde um eine Äußerung darüber" ersuchen, „ob die Schuld des Reichs rechtskräftig festgestellt oder unbestritten ist und ob die Schuld fällig ist".

Entsprechendes gilt nach § 53 Abs. 1 AKO: „Ist ein Einzahlungspflichtiger mit Einzahlungen an die Amtskasse im Rückstand und ist der Amtskasse bekannt, daß er einen Anspruch gegen eine andere Reichskasse auf Auszahlung eines Betrages hat, so hat die Amtskasse ihre Forderung der anderen Reichskasse mitzuteilen und sie zu ersuchen, mit dieser Forderung gegen den Anspruch des Einzahlungspflichtigen aufzurechnen". Daran schließen sich Regelungen an, die bestimmen, wie berechnungstechnisch der innerbehördliche Ausgleich vorzunehmen ist.

Auch wenn der Verordnungsgeber der Beitreibungs- und der Amtskassenordnung von dem Gesetzgeber der Reichsabgabenordnung verschieden war, zeigt das Bestehen dieser Regeln doch, daß man die Schwierigkeiten, derentwegen § 395 BGB eingeführt wurde, als behebbar angesehen und deshalb auf das Erfordernis „Kassenidentität" verzichtet hat. Es darf erst recht bezweifelt werden, daß die Organisation der Behörden oder Gesichtspunkte administrativer Zweckmäßigkeit heute noch die „Kassenidentität" erfordern.

An die Stelle einzelner Personen, in deren Verantwortungs- und Aufgabenbereich die Buchung kassenmäßiger Vorgänge lag, ist eine komplizierte technische Verwaltungsmaschinerie getreten, die sich in immer größerem Umfang auch elektronischer Rechenanlagen bedient. Waren in der Behördenorganisation von einst mit ihrer Vielzahl an kleinen Kassen und wegen der ohne große technische Hilfsmittel von einzelnen Beamten zu bewältigenden Kassenführung Klarheit und Übersichtlichkeit der buchmäßigen Vorgänge erforderlich, so sind die Anforderungen an eine ordnungsgemäße Kassenverwaltung und das mit der Durchführung beauftragte Personal heute ganz andere. Mit der vermehrten Verwendung technischer Hilfsmittel in der Verwaltung, die für den außenstehenden Bürger häufig ein verwirrendes und unübersichtliches Bild ergeben, sind für die sachbearbeitenden Beamten große Erleichterungen verbunden. Der Einsatz von Datenverarbeitungsanlagen hat zur Poolbildung geführt, das heißt, auch kleine Kassen lassen Ein- und Auszahlungen buchungsmäßig über zentrale Rechenzentren laufen. Der einzelne Beamte registriert zwar die kassenmäßigen Vorgänge und leitet sie weiter, das Rechnen und Saldieren übernimmt aber die Maschine. Sie kann bei dem heutigen Stand der Technik, ohne „in Verwirrung" zu geraten, Forderung und Gegenforderung des Bürgers und des Hoheitsträgers saldieren und Auskunft darüber geben, wie der Ausgleich unter den beteiligten Kassen — möglicherweise durch eine Verrechnung — zu erfolgen hat.

Nicht nur der rechenmäßige Vorgang der Aufrechnung ist durch den Einsatz technischer Hilfsmittel erleichtert, sondern auch der innerbehördliche Ausgleich. Allein der Informationsfluß zwischen den einzelnen Amtskassen ist gegenüber dem Stand von 1900, als § 395 BGB eingeführt wurde, durch solche Selbstverständlichkeiten wie ein umfassendes Fernsprechnetz so entscheidend verbessert worden, daß binnen kurzer Zeit die notwendige Klarheit zur buchmäßigen Verrechnung zwischen den Behörden verschafft werden kann.

Nicht zuletzt ist daran zu denken, daß der bargeldlose Zahlungsverkehr zwischen dem Bürger und den Behörden sowie zwischen den Behörden untereinander heute vorherrscht, während zu Anfang des Jahrhunderts Aufbau und Organisation dieses Zahlungsverkehrs noch in den Anfängen steckte und die gesetzliche Regelung der Aufrechnung als Erleichterung und Unterstützung dieser Zahlungsart empfunden wurde. Besteht heute in den wenigsten Fällen eine Pflicht zur Barzahlung — etwa bei dem Erwerb von Kostenmarken —, werden Ein- und Ausgänge nur buchmäßig erfaßt, so ist das noch ein Grund mehr, weshalb „Verwirrung" durch die Tilgung einer Forderung qua Aufrechnung nicht mehr angerichtet werden kann.

Durch die Änderung der Verhältnisse in persönlicher und sachlicher Hinsicht sowie durch die geänderte Arbeitsweise innerhalb der Behörden ist die Vorschrift des § 395 BGB ihres Sinnes und Zweckes entkleidet worden. Die Gründe der „administrativen Zweckmäßigkeit", auf der sie beruht, sind heute ohne Bedeutung, es besteht kein praktisches Bedürfnis mehr für die Einschränkung der Aufrechnungsbefugnis; § 395 BGB ist insgesamt überholt und damit obsolet.

Im Bereich der Steuer- und Finanzverwaltung gilt allein § 124 AO. Die „Kassenidentität" als spezielle Voraussetzung bei der Aufrechnung gegen die öffentliche Hand ist aufgegeben. Statt dessen ist die andere, dem geltenden Zivilrecht unbekannte Voraussetzung der „Liquidität" aufgestellt worden. Es läßt sich aber nicht die Ansicht vertreten, die Geltung des § 395 BGB sei im Steuerrecht deshalb überflüssig, weil § 124 AO dessen Klarstellungsfunktion mitübernommen habe[102]. Die Interessenlagen der von den genannten Vorschriften zu regelnden Sachverhalte sind keineswegs deckungsgleich. § 124 AO ist nicht dazu bestimmt, kassentechnische Schwierigkeiten der Steuerverwaltung zu verhindern oder zu beheben. Die Stoßrichtung dieser Vorschrift ist eine

---

[102] *Herbsleb:* Aufrechnung im Verwaltungsrecht, S. 68.

ganz andere: Das Recht des Bürgers zur Selbstexekution gegenüber dem Staat soll nur dann durchgreifen, der Staat die Tilgung seiner Forderung durch Aufrechnung nur dann hinnehmen müssen, wenn die Aktivforderung jedem Streit entzogen ist[103].

III. Ausnahmen von dem Gegenseitigkeitserfordernis

1. Die Regelung des § 406 BGB

Eine wesentliche Ausnahme vom Gegenseitigkeitserfordernis enthält das Zivilrecht für den Fall der Abtretung der Passivforderung in § 406 BGB. Durch die Abtretung soll dem Schuldner nicht die einmal entstandene Aufrechnungsmöglichkeit genommen werden, sofern er damit rechnen konnte, die abgetretene Forderung durch Aufrechnung tilgen zu können[104]. Aufrechnungsgegner ist der neue Gläubiger, obwohl er nicht der Schuldner der aufzurechnenden Gegenforderung ist.

Von der Interessenlage her ist der Rechtsgedanke des § 406 BGB geeignet, in das Steuerrecht übertragen zu werden. Auch Hoheitsträger haben ein berechtigtes Interesse daran, daß einmal entstandene Aufrechnungslagen nicht durch Zession zerstört werden. Jedoch sind seiner Bedeutung dadurch Grenzen gesetzt, daß Steuerforderungen nicht übertragbar sind. Die Schutzbedürftigkeit des Bürgers gegenüber einem Gläubigerwechsel kann also gar nicht entstehen, da das Finanzamt eine gegen ihn gerichtete Steuerforderung nicht an ein anderes Finanzamt oder gar einen Bürger abtreten kann. § 406 BGB hat im Steuerrecht nur Bedeutung bei der Aufrechnung durch den Fiskus: Hat der Steuerschuldner eine Erstattungsforderung an eine andere Finanzbehörde oder an einen Bürger abgetreten, kann das Finanzamt mit der gegen den Zedenten gerichteten Steuerforderung auch dem Zessionar gegenüber aufrechnen. Rechnet es in Unkenntnis der Abtretung gegen seinen bisherigen Gläubiger auf, so muß der neue Gläubiger dieses Rechtsgeschäft gemäß § 407 BGB, der seinem Rechtsgedanken nach ebenfalls im Steuerrecht anzuwenden ist, gegen sich gelten lassen.

Was die Voraussetzungen der Vorschrift im einzelnen angeht, so ist festzuhalten, daß unter dem „Erwerb der Forderung" im Sinne des § 406 BGB die Entstehung der Forderung zu verstehen ist[105], und zwar die Entstehung des Zahlungsanspruches.

---

[103] Vgl. dazu noch unten VII.
[104] BGH, NJW 1969, 276.
[105] RG, Recht 1914 Nr. 2244; WarnR 1930 Nr. 106; BGH, JZ 1962, 93; *Soergel / Siebert / Reimer Schmidt*, § 406 Anm. 2; *Becker / Riewald / Koch*, Reichsabgabenordnung Band I, § 124 Anm. 5.

Nach der Auffassung des Bundesfinanzhofs[106], ist die Rechtsnatur der Aufrechnungshandlung aber verschieden, je nachdem, ob sie gegenüber dem alten oder dem neuen Gläubiger vorgenommen wird. Der Bundesfinanzhof sieht in der Aufrechnung durch das Finanzamt mit Steuerforderungen grundsätzlich einen Hoheitsakt. Er meint jedoch, daß dieser Rechtscharakter sich ändere, wenn die Aufrechnung in Anwendung des § 406 BGB nicht dem alten, sondern dem neuen Gläubiger gegenüber erklärt werde, weil dem Finanzamt gegen diesen Aufrechnungsgegner keine Steuerforderung zustehe und es demnach gehindert sei, dem Zessionar gegenüber als Hoheitsträger aufzutreten.

Diese Auffassung ist unhaltbar: Die Steuerforderung verliert ihren Charakter nicht dadurch, daß auf der Gegenseite ein Personenwechsel eingetreten ist und sie nunmehr gegenüber einem Dritten aufgerechnet wird. Sicher ist der Aufrechnungsgegner nicht Schuldner dieser Forderung — von diesem Erfordernis sieht § 406 BGB ja gerade ab —, das heißt aber nicht, daß es nicht die ursprünglich dem Zedenten gegenüber bestehende Forderung ist, mit der hier aufgerechnet wird. Jede andere Auslegung hieße den § 406 BGB gründlich mißverstehen. Es ist daher — entgegen der Ansicht des Bundesfinanzhofes — davon auszugehen, daß das Finanzamt mit der Steuerforderung gegenüber dem Dritten aufrechnet, das heißt, seine Forderung auf diese Weise beitreibt. Demnach ändert sich auch an der rechtlichen Beurteilung dieser Maßnahme nichts, die auch dem Zessionar gegenüber als hoheitliche und damit öffentlich-rechtliche Tätigkeit zu qualifizieren ist.

2. Die Regelung des § 268 BGB

Eine weitere gesetzliche Ausnahme von dem Gegenseitigkeitserfordernis findet sich in § 268 Abs. 2 BGB, der einen Dritten zu seinem eigenen Schutz berechtigt, einen Gläubiger seines Schuldners durch Aufrechnung zu befriedigen. Da er selbst nicht Schuldner der Passivforderung ist, sondern nur eine Forderung gegen den Gläubiger — Aufrechnungsgegner — besitzt, ist das Erfordernis der Gegenseitigkeit in diesen Fällen außer acht gelassen. Das ist nicht die einzige Besonderheit dieser Aufrechnung! Obgleich dem Dritten die Aufrechnungsbefugnis deshalb eingeräumt worden ist, weil er berechtigt ist, den Gläubiger zu befriedigen, erlischt die Passivforderung nicht, sondern geht auf den aufrechnenden Dritten über (§ 268 Abs. 3 BGB). Auch die rückwirkende Kraft der Aufrechnung fehlt hier sowohl bezüglich des Erlöschens der Aktivforderung als auch hinsichtlich des Übergangs der Passivforderung.

---

[106] BFHE 91, 518 ff.

Es soll durch diese Vorschrift das Interesse des dinglich berechtigten Dritten an der Erhaltung des Vermögensbestandes seines Schuldners geschützt werden. Ein solches schutzwürdiges Interesse kann auch und gerade für den Fiskus entstehen, wenn die Zwangsvollstreckung in einen Gegenstand droht, an dem ihm der Steuerschuldner ein dingliches Recht eingeräumt hat[107]. In dem umgekehrt gelagerten Fall — der Bürger ist „Dritter", das Finanzamt ist „Schuldner" — ist es zwar unrealistisch anzunehmen, daß der Steuerfiskus dem Bürger wegen Erstattungsforderungen ein dingliches Sicherungsrecht an einem Gegenstand einräumt, aber es ist doch vorstellbar, daß eine Bank dem Land ein Darlehen zur Errichtung eines Gebäudes gewährt und durch Eintragung einer Hypothek an dem betreffenden Grundstück gesichert wird. Wird die Zwangsvollstreckung in dieses Grundstück von einem Steuerschuldner wegen einer Erstattungsforderung betrieben, so gelangt § 268 BGB in vollem Umfang zur Anwendung, das heißt, nach der Aufrechnung geht die Erstattungsforderung auf die ablösungsberechtigte Bank über. Erfolgt die Zwangsvollstreckung dagegen wegen einer Steuerforderung — unterstellt, daß ein Zwangsverfahren zwischen zwei öffentlich-rechtlichen Körperschaften stattfindet —, kann § 268 Abs. 3 BGB nicht gelten. Steuerforderungen können nicht auf Zivilpersonen übergehen, das verbietet ihr Inhalt. Deshalb muß die Aufrechnung des dinglich gesicherten Dritten aber nicht ausgeschlossen sein. Statt durch eine cessio legis nach § 268 Abs. 3 BGB kann der Dritte Ausgleich für die Tilgung der Forderung von seinem Schuldner nach den Regeln der Geschäftsführung ohne Auftrag und/oder der ungerechtfertigten Bereicherung verlangen. Für den Fall, daß ein Finanzamt ablösungsberechtigter „Dritter" ist, braucht diese Einschränkung nicht gemacht zu werden; dem gesetzlichen Übergang der Steuerforderung auf einen anderen Hoheitsträger steht nichts entgegen[108].

Damit schließt sich der Kreis der gesetzlich geregelten Ausnahmen vom Gegenseitigkeitserfordernis. Es ist deutlich geworden, daß auch im Steuerrecht grundsätzlich die im Bürgerlichen Gesetzbuch festgelegte Gegenseitigkeit für die Aufrechnungsbefugnis zu verlangen ist bzw. daß den Besonderheiten dieses öffentlich-rechtlichen Spezialgebietes nur mittels abweichender gesetzlicher Bestimmungen Rechnung getragen werden kann.

IV. Gleichartigkeit der Forderungen

Stehen zwei Personen in einem wechselseitigen Gläubiger-Schuldner-Verhältnis zueinander, so kann die Verrechnung ihrer gegenseitigen

---
[107] Vgl. zu den Möglichkeiten der dinglichen Sicherung §§ 132 Abs. 1 Ziff. 12, 373 AO.
[108] RGZ 67, 214; 70, 405; 146, 317; BGH, NJW 1956, 1197.

Forderungen nur dann erfolgen, wenn sie „ihrem Gegenstande nach gleichartig sind". Auf diese Weise wird verhindert, daß dem Gläubiger einer Forderung eine andere Leistung aufgedrängt wird als die, auf die er Anspruch hat. Außerdem werden so Schwierigkeiten vermieden, die auftreten, wenn man bei der Aufrechnung mit ungleichartigen Leistungen festzustellen sucht, in welcher Höhe Befriedigung eintritt.

Bereits in anderem Zusammenhang[109] ist auf diese Voraussetzung eingegangen worden, weil lange Zeit hindurch die Zulässigkeit der Aufrechnung zwischen öffentlichen und privatrechtlichen Forderungen verneint wurde mit der Begründung, bei den jeweils einem anderen Rechtsgebiet angehörenden Forderungen handle es sich nicht um gleichwertige, also auch nicht gleichartige Forderungen. Diese, insbesondere von Hartmann[110] vertretene Auffassung, wonach öffentlich-rechtliche und privatrechtliche Forderungen wegen der „Rechtsstellung des Untertanen gegenüber der Staatsgewalt völlig inkommensurable Größen" sind, hat mit Recht nirgendwo Unterstützung gefunden[111].

Auf die hier hervorgehobene Gleichwertigkeit der Forderungen kommt es gar nicht an. Voraussetzung für die Aufrechnungsbefugnis ist vielmehr die Gleichartigkeit der Leistungen: gemeint ist damit nicht die Gleichartigkeit der Rechtsnatur oder des Rechtsgrundes der Forderung, entscheidend ist die Gleichartigkeit des Gegenstandes der geschuldeten Leistungen[112].

Die gleiche Beschaffenheit der beiderseits geschuldeten Leistungen ist in erster Linie dann anzunehmen, wenn es sich um Geld- oder Gattungsschulden handelt. Allerdings kann auch nicht bei jeder auf Geld gerichteten Forderung die Gleichartigkeit unterstellt werden. Ungleichartig sind Forderungen beispielsweise, wenn die eine auf Zahlung schlechthin und die andere auf Gewährung eines versprochenen Darlehens gerichtet ist[113]. Es genügt also nicht, daß tatsächlich gleichartige Leistungen ausgetauscht werden, sondern es müssen auch gleichartige Leistungen geschuldet werden. Diese Voraussetzung ist in den Hauptanwendungsfällen der Aufrechnung im Steuerrecht, der Verrechnung

---

[109] Vgl. oben unter III, 2, Erster Teil.

[110] DJZ 1912, 1519; LZ 1915, 1295; VerwArch Bd. 25 (1917), 403.

[111] Übernommen wurde diese Auffassung von *Hipp*, Die Aufrechnung im öffentlichen Recht, Diss. Hamburg 1935, S. 41, dessen Schrift im übrigen wegen ihres nationalsozialistischen Gedankengutes kaum als ernsthafter Beitrag gewertet werden kann.

[112] BGHZ 16, 127; HansOLG, HamRGZ 1938 B, 260; HambOLG, MDR 1951, 314; *Soergel / Siebert / Schmidt*, § 387 Anm. 17; *Friedrichs*, Verwaltungsrechtspflege I, S. 268; *Josef*, VerwArch Bd. 24 (1916), S. 341; *Behr*, DJZ 1916, 772; *Schultzenstein*, VerwArch Bd. 26 (1918), S. 466; *Mallachow*, VerwArch Bd. 28 (1921), S. 278; *Weigelin*, S. 166; *v. Löbbecke*, S. 38.

[113] RGZ 52, 303 (306); ebenso bei einer Schuldbefreiung, RGZ 158, 10; BGHZ 12, 136; 25, 6.

von Steuer- mit Erstattungsforderungen oder auch mit Werklohn- oder Mietforderungen gegeben.

V. Fälligkeit der Aktivforderung

Eine weitere Voraussetzung der Aufrechnungsbefugnis auch im Steuerrecht ist die Fälligkeit der Aktivforderung; § 387 BGB besagt, daß jemand aufrechnen könne, „sobald er die ihm gebührende Leistung fordern ... kann". Dieses Erfordernis korrespondiert dem Charakter der Aufrechnung als eine Art „privater Zwangsvollstreckung": Die Selbstexekution durch Aufrechnung soll zwar eine — was das Verfahren angeht — erleichterte Befriedigungsmöglichkeit schaffen, jedoch nur unter den Voraussetzungen, die dem Aufrechnenden auch sonst eine Befriedigung erlauben würden[114].

1. Fälligkeit von Steuerforderungen

Die Frage des Eintritts der Fälligkeit von Steuerforderungen läßt sich nur sehr differenziert beantworten. Im Gegensatz zu der zivilrechtlichen Regel in § 271 BGB, wonach Forderungen mit ihrer Entstehung grundsätzlich auch fällig werden, fallen im Steuerrecht der Zeitpunkt der Entstehung und der Fälligkeit einer Steuerforderung häufig auseinander.

Nach § 3 Abs. 1 StAnpG entsteht eine Steuerschuld, „sobald der Tatbestand verwirklicht ist, an den das Gesetz die Steuer knüpft". Ohne Einfluß auf den Entstehungszeitpunkt soll nach § 3 Abs. 2 StAnpG sein, „ob und wann die Steuer festgesetzt wird und wann die Steuer zu entrichten (wann sie fällig) ist". Die Fälligkeit richtet sich nach den einzelnen Steuergesetzen und danach, ob es sich um eine Steuerforderung mit oder ohne Veranlagungsverfahren handelt.

Ist ein Veranlagungsverfahren durchzuführen, tritt Fälligkeit erst mit dem Zugang des Festsetzungsbescheides ein[115]. Bei den Steuern, bei denen kein Veranlagungsverfahren durchgeführt wird, enthalten die einzelnen Gesetze vielfach bestimmte Fälligkeitstermine[116].

2. Fälligkeit von Erstattungs- und Vergütungsansprüchen

Bei der Feststellung des Fälligkeitszeitpunktes der steuerrechtlichen Ansprüche des Steuerpflichtigen ist zu unterscheiden zwischen Steuererstattungs- und Steuervergütungsforderungen.

---
[114] *Larenz*, Schuldrecht I, § 27 III, S. 334; *Lüke / Huppert*, JuS 1971, S. 167.
[115] BFHE 58, 297.
[116] Vgl. z. B. § 20 KStG, § 16 VStG, § 19 GewStG, § 22 GrStG, § 18 UStG 1973, § 27 KVStG.

In den Fällen des § 151 AO — Erstattung aufgrund einer nachträglichen Minderung der Steuerfestsetzung — wird der Erstattungsanspruch mit der Bekanntgabe (§ 91 AO) des Minderungs- oder Änderungsbescheides fällig. Entsprechendes gilt in allen anderen Fällen, in denen Voraussetzung für eine Erstattung der Erlaß einer entsprechenden Verfügung ist. Alle anderen Erstattungsansprüche, vor allem die nach versehentlicher Doppel- und Überzahlung oder im Falle unrechtmäßiger Beitreibung, werden fällig mit der Überzahlung[117].

Steuervergütungsforderungen werden mit Bekanntgabe des Vergütungsbescheides fällig[118]. Bis zum Erlaß des Vergütungsbescheides hat der Antragsteller lediglich einen Anspruch auf Bewilligung des für ihn entstandenen Vergütungsanspruches. Auch der einem solchen Antrag folgende Feststellungsbescheid hat nur die Bedeutung einer vorläufigen Anerkennung, daß der Antragsteller die erforderlichen Voraussetzungen der Steuervergütung dargetan und daher einen der Höhe nach begrenzten Anspruch auf Auszahlung dieser Vergütung hat[119]. Zahlung der Vergütung kann erst mit der Bekanntgabe des Bescheides verlangt werden.

Die Fälligkeit steuerrechtlicher Forderungen als Aufrechnungsvoraussetzung ist also nicht pauschal bestimmbar, sondern muß im Einzelfall unter Berücksichtigung der gesetzlichen Sonderregelungen ermittelt werden.

3. Stundung

Die Fälligkeit von Steuern ist auch durch eine Stundung (§ 127 AO) beeinflußbar. Werden Steuern gestundet, so wird die Fälligkeit bis zu dem in der Stundungsverfügung angegebenen Zeitpunkt hinausgeschoben[120]. Der Steuergläubiger wäre daher grundsätzlich vor diesem Termin nicht zur Aufrechnung berechtigt. Diese Konsequenz sucht er von vornherein dadurch zu hindern, daß die Stundung in der Regel nur mit einem Widerrufsvorbehalt gewährt wird, so daß jederzeit die Fälligkeit wieder herbeigeführt werden kann, vorausgesetzt, es liegt ein Widerrufsgrund vor. Als solcher wird die Aufrechnungsmöglichkeit angesehen[121]. Allein dieses Ergebnis erschien dem Reichsfinanzhof befriedigend, weil andernfalls nicht ausgeschlossen ist, daß das Finanzamt

---

[117] *Drexler*, NWB 1968 Fach 2, S. 1666.
[118] BFHE 73, 78.
[119] Vgl. BFH, a.a.O., betreffend eine Umsatzsteuervergütung.
[120] Im Zivilrecht ist der Begriff schillernd und umstritten. Meist wird darunter — wie hier — das Hinausschieben der Fälligkeit einer schon bestehenden Leistungspflicht, gelegentlich auch das Versprechen des Gläubigers, die schon fällige Forderung zeitweise nicht geltend zu machen, und kaum das Hinausschieben des Wirksamwerdens der Verpflichtung verstanden.
[121] RFH, RStBl. 1936, S. 308 = StW 1936 Nr. 222.

einem zahlungsunfähigen Steuerschuldner einen Steuerbetrag erstatten muß, obwohl es weiß, daß die gestundete Steuer nicht beizutreiben sein wird. Weitergehend wollte der Reichsfinanzhof einen Widerruf in einer die Umbuchung anordnenden Verfügung des Finanzamtes sehen. Vorausgesetzt, die Erfordernisse der Aufrechnung sind sonst erfüllt, sollte der Umbuchung dann unmittelbar schuldtilgende Wirkung zukommen.

Vom praktischen Ergebnis her wurde diese Auffassung in der Literatur[122] begrüßt, und es wird auch heute noch von der Rechtsprechung[123] vertreten, daß die Aufrechnungsmöglichkeit zum Widerruf der Stundung berechtige, falls der Widerruf vorbehalten war oder eine Änderung der tatsächlichen Verhältnisse im Sinne von § 96 AO die Aufrechnungsmöglichkeit herbeigeführt hat. Aufgegeben hat der Bundesfinanzhof[124] aber die Ansicht, eine Aufrechnung sei deshalb möglich, weil in der Aufrechnungserklärung ein Widerruf der Stundung liege. Vielmehr hat der Steuerpflichtige einen Anspruch auf ausdrücklichen Widerruf, sofern daran Rechtsfolgen geknüpft werden. Das bedeutet, daß bei Stundung von Steuerforderungen die Stundung zunächst wirksam widerrufen werden muß, bevor mit der dann fälligen Steuerforderung aufgerechnet werden kann.

VI. „Steueransprüche" im Sinne des § 124 AO

§ 124 AO gestattet dem Steuerpflichtigen die Aufrechnung nur gegen „Steueransprüche". Gemeint sind die Steuern im eigentlichen Sinne; dazu gehören gemäß § 1 Abs. 1 AO i. V. m. §§ 33 Abs. 1, 6 Abs. 3 Nr. 1-3 BeitrO außer dem Anspruch auf die Steuer selbst auch Verspätungszuschläge gemäß § 168 Abs. 2 AO und Rückzahlungsansprüche wegen zu Unrecht erstatteter oder vergüteter Steuern gemäß §§ 150 ff. AO. Auf Zinsen finden kraft ausdrücklicher Regelung durch § 6 Abs. 2 StSäumG die für Steuern geltenden Vorschriften entsprechende Anwendung, so daß die Aufrechnung gemäß § 124 AO auch gegen Zinsansprüche zulässig ist. Sonst stehen nur noch der Anspruch auf Zahlung von Steuerzeichenschulden (§ 97 Abs. 3 AO) und der Anspruch auf Rückzahlung zu Unrecht gewährter Investitionszulagen dem Steueranspruch gleich (vgl. § 3 Abs. 6 InvestitionszulagenG). Damit unterscheidet sich § 124 AO von einer Reihe anderer Vorschriften der Abgabenordnung, in denen außer Steuern „sonstige Geldleistungen" genannt sind oder von Ansprüchen der Abgabenberechtigten aus Steuergesetzen die Rede ist, vgl. §§ 109

---
[122] Ergebnis und Argumentation wurden in der Literatur ohne Kommentar übernommen von *Spohr*, StW 1939, Sp. 668; *Paulick*, Lehrbuch, 2.Aufl., § 27 II 3, S. 206.
[123] FG Saarland, EFG 1967, S. 584.
[124] BFH, DB 1973, S. 2278.

Abs. 1, 123, 127 Abs. 1, 130, 131, 144, 342 AO. Folglich gehören nach dem Wortlaut des Gesetzes Ansprüche auf Säumniszuschläge, Buß-, Erzwingungs- und Sicherungsgelder und Ansprüche auf Kosten nicht zu den Steueransprüchen, gegen die nach § 124 AO aufgerechnet werden kann.

Der Bundesfinanzhof[125] hat in einer jüngeren Entscheidung daraus den Schluß gezogen, daß die Aufrechnung gegen diese Ansprüche überhaupt ausgeschlossen ist: Da dem Steuerpflichtigen die Befugnis hierzu nicht in § 124 AO eingeräumt sei, könne sie sich nur aus den §§ 387 ff. BGB ergeben. Diese allgemeinen Regeln seien aber mit Rücksicht auf die Besonderheiten des Steuerrechts auf diese Lücke gerade nicht anwendbar, wie ein Vergleich mit der ebenfalls nicht geregelten Aufrechnungsbefugnis des Steuergläubigers zeige. Die Steueransprüche werden in einem gesetzlich geregelten Verfahren durch sachkundige und an das Gesetz gebundene Behörden festgesetzt, so daß die Gefahr der Fehlerhaftigkeit verhältnismäßig gering ist. Der BFH sieht deshalb keinen stichhaltigen Grund, dem Steuergläubiger eine Aufrechnung mit Steueransprüchen zu verwehren. Die Aufrechnungsbefugnis des Steuergläubigers könne deshalb bejaht werden, auch ohne daß die Abgabenordnung eine Regelung darüber enthalte. Diese Schlußfolgerung ließe sich für die Aufrechnungsbefugnis des Steuerpflichtigen gegenüber anderen sich aus Steuergesetzen ergebenden Ansprüchen nicht ziehen. Den Gegenansprüchen des Steuerpflichtigen komme grundsätzlich nicht eine solche Wahrscheinlichkeit der Richtigkeit zu wie bei der Festsetzung durch die öffentliche Hand. Eine entsprechende Vermutung der Richtigkeit trage der Gegenanspruch nur in sich, wenn er unbestritten oder rechtskräftig festgestellt sei. Allein unter diesen Voraussetzungen habe die Aufrechnungsbefugnis in § 124 AO dem Steuerpflichtigen deshalb eingeräumt werden können. Damit verbiete sich aber, § 124 AO so auszulegen, daß gegenüber anderen sich aus Steuergesetzen ergebenden Ansprüchen eine Aufrechnungsbefugnis ohne Einschränkung bestehe. Das wäre allenfalls möglich gewesen, wenn § 124 AO lauten würde: „Gegen Steueransprüche kann der Steuerpflichtige *nur* ... aufrechnen". Der geltende Wortlaut lasse eine derartige Auslegung nicht zu[126].

Überdies spricht nach Auffassung des Bundesfinanzhofes auch die Entstehungsgeschichte der Vorschrift gegen diese Aufrechnungsbefugnis: § 124 AO sei erst auf Betreiben der Nationalversammlung[127] aufgenommen worden, während der Entwurf zur ersten Fassung der Abgabenordnung die Aufrechnung durch den Steuerpflichtigen überhaupt

---

[125] BFHE 109, 218.

[126] Im Ergebnis ebenso: *Rössler*, NJW 1969, S. 495; *Pfaff*, BlStSozArbR 1967, S. 131; *Hager*, DStZ 1940, S. 326; *Spohr*, StW 1939, Sp. 679; *Becker*, StW 1924, Sp. 60; *Frenkel*, BB 1975, S. 741; FG Düsseldorf, EFG 69, 143.

[127] *Becker*, Reichsabgabenordnung, 7. Aufl. 1930, Bem. 1 zu § 103 AO a. F.

VI. „Steueransprüche" im Sinne des § 124 AO

ausschloß. Die Aufrechnung wurde dann zwar grundsätzlich zugelassen, aber ebenso bewußt auf bestimmte Gegenansprüche beschränkt. Der Bundesfinanzhof meint, damit sei zugleich die Möglichkeit verschlossen, den Begriff der „Steueransprüche" weit zu fassen und dem Steuerpflichtigen das Recht zur Aufrechnung gemäß § 124 AO gegen alle sich aus den Steuergesetzen ergebenden Ansprüche zu gewähren. Solange eine ausdrückliche gesetzliche Grundlage fehle, sei die Aufrechnung gegen Ansprüche auf Säumniszuschläge, Kosten für Rechtsbehelfe, Erzwingungsgelder, Sicherungsgelder und Bußgelder ausgeschlossen.

Diese Argumentation ist nicht schlüssig: Es ist dem Bundesfinanzhof zwar darin zu folgen, daß § 124 AO eine Sonderregelung für das Aufrechnungsrecht im Steuerrecht enthält, die auf die Besonderheiten dieses Sonderrechtsgebietes und die Eigenarten der Ansprüche abgestimmt ist. Die Besonderheit der Regelung liegt aber nicht darin, daß nur gegen bestimmte Ansprüche aufgerechnet werden darf, sondern darin, daß gegen bestimmte Ansprüche nur unter besonderen — erschwerten — Voraussetzungen aufgerechnet werden darf.

Der Bundesfinanzhof meint selbst, daß § 124 AO keine abschließende Regelung der Aufrechnung im Steuerrecht enthält; denn er erörtert und bejaht ein Interesse des Steuergläubigers an der Aufrechnung, die § 124 AO nicht regelt. Folgerichtig hätte die Aufrechnungsbefugnis des Steuerpflichtigen gegen andere sich aus den Steuergesetzen ergebende Ansprüche nur verneint werden dürfen, wenn ein Bedürfnis nach Interessenausgleich durch Aufrechnung in diesen Fällen nicht besteht oder schwerwiegende Gründe des Steuerrechts gegen einen derartigen Ausgleich sprechen. Ein schutzwürdiges Interesse des Steuerpflichtigen, der eine Gegenforderung hat, die Hauptforderung auch ohne Aufwendung von Bar- oder Kreditmitteln tilgen zu können und gleichzeitig Befriedigung seiner eigenen Forderung zu erlangen, besteht aber unabhängig von der Rechtsnatur, Art und Inhalt der aufrechenbaren Forderungen. Wenn § 124 AO zur Aufrechnung gegenüber anderen steuerrechtlichen Forderungen nichts bestimmt, konnte die Schlußfolgerung deshalb nicht sein, daß die Aufrechnung in diesen Fällen gänzlich ausgeschlossen ist, sondern mußte lauten, daß die Aufrechnungsbefugnis hier nach den allgemeinen Regeln des BGB zu beurteilen ist. Allenfalls wäre zu erörtern gewesen, ob mit Rücksicht auf die Besonderheiten des Steuerrechts außer den §§ 387 ff. BGB auch die Beschränkungen des § 124 AO analog gelten[128]. Das würde voraussetzen, daß die Liquidität der Gegenforderung ein elementarer Grundsatz der Aufrechnung im Steuerrecht ist. Davon kann keine Rede sein. Die Liquidität der Aktivforderung des Steuerpflichtigen ist ein berechtigtes Verlangen, sofern

---

[128] So *Kröger*, FR 1970, S. 498.

die Passivforderung ein Steueranspruch ist, mit dem besondere öffentliche bzw. allgemeine Zwecke verfolgt werden. Soweit es sich um die Aufrechnung gegen diese Ansprüche handelt, muß verhindert werden, daß das Aufkommen an öffentlichen Einnahmen durch die Geltendmachung nicht hinreichend feststehender Gegenforderungen beeinträchtigt wird. Bei anderen als Steuerforderungen muß sich — und das ist die Aussage des § 124 AO auch bei historischer Interpretation — der Steuerfiskus wie jeder andere Gläubiger einer Hauptforderung behandeln lassen. Sein Interesse an einer zügigen Erfüllung bzw. reibungslosen Vollstreckung ist in diesen Fällen nicht anders und nicht höher zu bewerten, als bei anderen Forderungen und rechtfertigt nicht einen besonderen Schutz durch das Liquiditätserfordernis der Gegenforderung.

Entgegen der Ansicht des Bundesfinanzhofes kann deshalb auch gegen Ansprüche auf Säumniszuschläge, Kosten für Rechtsbehelfe, Erzwingungsgelder, Sicherungsgelder und Bußgelder aufgerechnet werden, und zwar nach den §§ 387 ff. BGB ohne die Einschränkungen des § 124 AO[129].

VII. Liquidität der Aktivforderung

Nach § 124 AO sind die Steuerpflichtigen berechtigt, „mit unbestrittenen oder rechtskräftig festgestellten Gegenansprüchen aufzurechnen". Mit dieser Bestimmung ist das alte gemeinrechtliche Erfordernis der Liquidität wieder eingeführt. Es handelt sich um eine von den Grundsätzen des BGB abweichende und verschärfende Regelung, die konsequent die Aufrechnung als Teil des Beitreibungsverfahrens vom Veranlagungsverfahren trennt. Die Feststellung und die Unbestreitbarkeit müssen sich darauf beziehen, daß der Anspruch dem Aufrechnenden zusteht. Die Anerkennung der Forderung durch den Schuldner ist keine gesetzliche Voraussetzung für deren Aufrechenbarkeit. Unbestrittenheit bedeutet nicht soviel wie ausdrückliche Anerkennung oder gar unbestrittene Feststellung.

1. Unbestrittene Gegenforderung

Im übrigen ist dieser Begriff durchaus mehrdeutig und seine Auslegung nicht zweifelsfrei: Wer muß bestreiten, das Finanzamt, gegen dessen Steuerforderung aufgerechnet werden soll, oder die zur Bezahlung der Gegenforderung zuständige Behörde? Was muß bestritten werden? Reichen formelle oder nur materiell-rechtliche Fehler aus, um die „Unbestrittenheit" im Sinne des § 124 AO zu beseitigen?

---

[129] Ebenso *Tipke / Kruse*, § 124 Anm. 2.

VII. Liquidität der Aktivforderung

Rechtsprechung und Literatur sind bei der Beantwortung dieser Fragen wenig hilfreich. Der BFH[130] hat zwar in einer Entscheidung die Gegenansprüche nicht schon dann als bestritten angesehen, wenn die Einwendungen des Fiskus lediglich formale und nicht sachlich beachtenswerte Gründe enthalten. Als lediglich „formal" wurde beispielsweise das Fehlen eines Sichtvermerks der Dienststelle angesehen, die die Auszahlung billigen muß. Das Schrifttum[131] hat weitgehend diese Ansicht übernommen, ohne sich näher damit auseinanderzusetzen[132]. Dabei geben mehrere Punkte in der BFH-Entscheidung Anlaß zur Kritik: Das Gericht hatte zu entscheiden über die Zulässigkeit der Verrechnung mit einer Forderung aus Kriegslieferungen gegen das Deutsche Reich, also einem Anspruch, der nicht gegen die Finanzbehörde gerichtet war. Gleichwohl hat der Bundesfinanzhof für die „Unbestrittenheit" im Sinne des § 124 AO nicht auf die Einwendungen der zur Zahlung verpflichteten Behörde, sondern auf diejenigen des Finanzamtes abgestellt, das die zugrunde liegende Sach- und Rechtslage nicht kennt und auch nicht kennen kann.

Dieses Verlangen ist wenig sinnvoll und muß bei den Anforderungen, die der Bundesfinanzhof an ein wirksames Bestreiten stellt, dazu führen, daß die Einwendungen generell erfolglos bleiben, also die Aufrechnung nicht hindern. Denn woher soll das Finanzamt die Sachkenntnis oder die Zeit nehmen, um den Bestand der Gegenforderung zu prüfen und sachlich beachtenswerte Argumente vortragen? Es kann und soll auch nicht seine Aufgabe sein, etwa die Richtigkeit einer Rentenforderung nachzuprüfen. Die Einwendungen sind von der durch die Forderung verpflichteten Behörde zu erheben; nur deren Vorbringen ist geeignet, die Gegenforderung im Sinne des § 124 AO zu bestreiten.

Hinsichtlich der Anforderungen, die der Bundesfinanzhof an ein „substantiiertes Bestreiten" stellt, beruft er sich auf ein Urteil des Bundesgerichtshofes[133]; danach ist ein wirksames Bestreiten nur mit solchen Einwendungen möglich, die nicht ohne weiteres als unbegründet erkannt werden können und deshalb eine sofortige Entscheidung über den Aufrechnungseinwand zugunsten des Aufrechnenden nicht zulassen.

---

[130] BFHE 60, 84.
[131] *Tipke / Kruse,* § 124 Anm. 6; *Riewald* in Becker / Riewald / Koch, Bd. I, 9. Aufl., § 124 Anm. 2; *v. Wallis* in Hübschmann / Hepp / Spitaler, § 124 Anm. 9; *Drexler,* NWB 1968, Fach 2, S. 1667; *Rössler,* NJW 1969, 495; *Pfaff,* BlStSozArbR 1967, 131; *Hager,* DStZ 1940, 327; *Spohr,* StW 1939, Sp. 681.
[132] Erst in allerneuester Zeit ist das Problem von J. Martens aufgegriffen worden, vgl. StW 1974, 155 (158 ff.).
[133] BGHZ 12, 136. Diese Entscheidung betrifft § 32 ADSp., wonach gegen Ansprüche des Spediteurs die Aufrechnung nur mit solchen Gegenansprüchen des Auftraggebers möglich ist, denen ein Einwand nicht entgegensteht.

Der BGH-Entscheidung lag ein Fall zugrunde, in dem Forderung und Gegenforderung demselben Rechtsweg angehörten. Dadurch erscheinen seine Ausführungen bezüglich der Qualität der Einwendungen in einem ganz anderen Licht, denn in diesem Zusammenhang ist die Rechtswegzuständigkeit der einzelnen Forderungen sachlich beachtenswert. Sind die für die Hauptforderung zuständige Behörde oder das wegen dieser Forderung angerufene Gericht zur Entscheidung über die Gegenforderung gar nicht zuständig, so können an das Bestreiten keine besonderen Anforderungen gestellt werden. Im Gegenteil ist es gerechtfertigt, alle Einwendungen als so beachtlich anzusehen, daß sie die Aufrechnung hindern — im Falle des Prozesses zur Aussetzung der Verhandlung führen[134] —, bis das Bestehen der Gegenforderung von der zuständigen Behörde bzw. dem Gericht geklärt ist. Das Finanzamt braucht auch nicht die von der zuständigen Behörde erarbeiteten Argumente als „substantiiertes Bestreiten" nach § 124 AO vorzubringen oder darüber zu befinden, ob diese Argumente vielleicht „ohne weiteres unbegründet" sind[135].

Die Aufrechnung mit anderen als steuerrechtlichen Forderungen ist nach § 124 AO infolgedessen schon dann unzulässig, wenn die Gegenforderung von der zur Bezahlung zuständigen Behörde überhaupt bestritten wird. Jedes Bestreiten — auch das unsubstantiierte — erfordert eine in einem gesondert geregelten Verfahren zu treffende Entscheidung über den Bestand der Gegenforderung. Diese Entscheidung kann nicht vom Finanzamt ganz oder zum Teil vorweggenommen werden[136].

Anders ist es dagegen, wenn das aus der Hauptforderung berechtigte Finanzamt auch zur Entscheidung über die Gegenforderung zuständig ist. Wenn die fordernde Behörde selbst berechtigt und nach Erheben der Einwendung auch verpflichtet ist, den Bestand der Gegenforderung zu überprüfen, können nur solche Einwendungen durchdringen, die nicht von vornherein unbegründet erscheinen, sondern einer eingehenden Prüfung bedürfen. In diesen Fällen ist das Verlangen eines „substantiierten Bestreitens" gerechtfertigt.

---

[134] Gemäß § 148 ZPO analog, vgl. BGHZ 16, 124.

[135] J. Martens, StW 1974, 155 (159) führt aus, daß aus denselben Gründen auch das Finanzgericht gehindert sei, „eine Art Vorprüfung der rechtlichen Existenz einer Gegenforderung durchzuführen, die gar nicht in die Kompetenz des beklagten Finanzamtes gehört und von einer anderen Behörde derselben Gebietskörperschaft bestritten wird". Er übersieht dabei, daß im Anfechtungsprozeß über die Steuerforderung die Aufrechnung nicht geltend gemacht werden kann, weil die Aufrechnung in das Beitreibungs-, nicht in das Veranlagungsverfahren gehört. Das ist im Steuerrecht anerkannt seit RFHE 9, 55; 12, 182; 16, 150; Becker, StW 1924, Sp. 57 (62).

[136] So auch J. Martens, StW 1974, 155.

VII. Liquidität der Aktivforderung

Für die Anforderungen an ein wirksames Bestreiten im Sinne des § 124 AO ist also nach der Rechtsnatur der Gegenforderung zu differenzieren und nicht, wie der Bundesfinanzhof meint, generell ein „substantiiertes Bestreiten" zu verlangen.

2. Rechtskräftig festgestellte Gegenforderung

Rechtskräftig festgestellt im Sinne des § 124 AO sind Forderungen, wenn sie gerichtlich zuerkannt und mit Rechtsmitteln nicht mehr angreifbar sind. Diese Unanfechtbarkeit kann herbeigeführt werden durch rechtskräftige Urteile. Wegen der mangelnden Rechtskraftfähigkeit von Vergleichen sind die darin festgestellten Forderungen dagegen nicht „rechtskräftig festgestellt" im Sinne des § 124 AO; allenfalls sind sie als „unbestrittene" Forderungen anzusehen.

Entsprechendes gilt für gerichtliche oder notarielle Urkunden, in denen sich der Schuldner der sofortigen Zwangsvollstreckung unterwirft: der Schuldner (Aufrechnungsgegner) kann der Vollstreckung qua Aufrechnung mit der Vollstreckungsabwehrklage aus § 767 ZPO begegnen, und zwar unabhängig von der zeitlichen Begrenzung in § 767 Abs. 3 ZPO. Die beurkundeten Forderungen sind also noch angreifbar und demnach nicht „rechtskräftig festgestellt". Zweifelhaft ist es bei Forderungen, die durch Verwaltungsakt festgesetzt worden sind. Wenn überhaupt, kann eine der rechtskräftigen Feststellung vergleichbare Rechtslage erst nach Ablauf der Widerspruchsfrist eintreten.

An der Zulässigkeit dieses Vergleichs bestehen insofern Bedenken, als die rechtskräftige Feststellung der Forderung die gerichtskräftige Festsetzung bedeutet. Andererseits spricht die ratio des Liquiditätserfordernisses dafür, auch die unanfechtbare verwaltungsbehördliche Festsetzung ausreichen zu lassen: Es soll durch das Liquiditätserfordernis lediglich bewirkt werden, daß der Streit um den Bestand der Gegenforderung aus dem Vollstreckungsverfahren herausgehalten wird. Diesen Erfolg bewirkt auch ein unanfechtbar gewordener Verwaltungsakt, denn so lange die Behörde ihn nicht widerrufen hat, muß sie den Verwaltungsakt gegen sich gelten lassen. So lange muß die daraus resultierende Forderung des Bürgers auch als „rechtskräftig festgestellt" im Sinne des § 124 AO gelten.

3. Aufrechnung durch den Steuergläubiger

Die Aufrechnung des Steuergläubigers ist nicht dem Liquiditätserfordernis unterworfen. § 124 AO behandelt nur die Aufrechnung durch den Steuerpflichtigen. Dennoch liegt darin keine Ungerechtigkeit für den Bürger, denn er ist keineswegs rechtlos gestellt: Soll eine Veranlagungssteuer mit einer Forderung des Bürgers verrechnet werden, kann das Finanzamt die Aufrechnung erst erklären, nachdem die Steuer durch Bescheid festgesetzt worden ist, da vorher die Fälligkeit fehlt. Hält der Steuerschuldner den gegen ihn ergangenen Steuerbescheid für rechtswidrig, hat er die Möglichkeit, dagegen einen Rechtsbehelf einzulegen und seine Einwendungen gegen die zur Aufrechnung gestellte Forderung geltend zu machen. Zwar hindert er die Aufrechnung dadurch zunächst nicht, aber der eingelegte Rechtsbehelf führt zu einer Entscheidung in dem richtigen Rechtsweg und verhilft dem Steuerschuldner im Falle einer positiven Entscheidung über seine Einwendungen nachträglich noch mit ex-tunc Wirkung zu seinem Recht. Letzteres gilt auch für die Aufrechnung mit Steuern, bei denen kein Veranlagungsverfahren notwendig ist. Hier ist die Aufrechnungserklärung des Finanzamtes selbst der Verwaltungsakt, der angefochten und so eine Entscheidung über den Bestand der Gegenforderung von dem zuständigen Gericht erlangt werden kann.

Durch die Privilegierung des Staates zur Aufrechnung ohne Rücksicht auf die Liquidität ist der Steuerschuldner auch wirtschaftlich nicht benachteiligt. Die Interessenlage bei der Aufrechnung durch den Staat ist eine andere als in dem § 124 AO zugrunde liegenden Fall. Denn als Aufrechnungsgegner des Fiskus macht der Bürger eine Forderung geltend, versucht zu vollstrecken und wird nicht als erster in Anspruch genommen. Er gerät deshalb auch nicht in Gefahr, einen Kredit aufnehmen zu müssen, damit die hoheitliche Forderung getilgt werden kann. Bei dieser Sachlage sind keine unmittelbaren Nachteile für den Steuerschuldner zu befürchten, wenn „Unbestrittenheit" oder „rechtskräftige Feststellung" der Gegenforderung für die Aufrechnungsbefugnis des Staates nicht verlangt werden. Der Bürger steht hier dem Fiskus nicht anders als seinen Mitbürgern gegenüber.

VIII. Erfüllbarkeit der Passivforderung

Schließlich ist Aufrechnungsvoraussetzung noch das Bestehen und die Erfüllbarkeit der Passivforderung. Der Aufrechnende muß im Zeitpunkt der Aufrechnungserklärung berechtigt sein, die Forderung zu erfüllen. Dieses Erfordernis erklärt sich aus der Tilgungsfunktion, die für den Gläubiger der Passivforderung mit der Aufrechnung verbunden ist.

Dagegen ist die Fälligkeit der Passivforderung nicht nötig[137]. § 387 BGB räumt die Aufrechnungsbefugnis ein, sobald der Aufrechnende

---

[137] *Larenz*, Schuldrecht I, § 27 III, S. 324; *Lüke / Huppert*, JuS 1971, 167.

VIII. Erfüllbarkeit der Passivforderung

„die ihm obliegende Leistung bewirken kann". Erfüllbar ist eine Forderung nicht erst mit ihrer Fälligkeit, sondern bereits mit ihrer Entstehung, § 271 Abs. 2 BGB. Wenn der Verpflichtete seine Schuld nach ihrer Entstehung ohne Rücksicht auf ihre Fälligkeit erfüllen und damit tilgen kann, die Aufrechnung aber Erfüllungssurrogat ist, so muß er unabhängig von der Fälligkeit der Passivforderung auch aufrechnen können[138]. Der Steuerschuldner könnte also auch vor Fälligkeit der Steuerforderung aufrechnen, vorausgesetzt, daß § 271 Abs. 2 BGB auch im Steuerrecht gilt und der Fiskus nicht darauf bestehen kann, sein Geld erst zu seiner Zeit, das heißt bei Fälligkeit zu erhalten. Der Staat könnte sicherlich auf Zahlung erst bei Fälligkeit bestehen, wenn ein beachtliches volkswirtschaftliches Interesse dafür spräche oder diese Erfüllung sonst vorteilhafter wäre.

Hierzu muß unterschieden werden: Erfolgt die Erfüllung auch bei Fälligkeit durch Aufrechnung, ist durch das Abwarten des Fälligkeitszeitpunktes nichts gewonnen. Ein Vorteil könnte für den Fiskus also nur dadurch entstehen, daß der Steuerpflichtige seine Schuld bei Fälligkeit bar bezahlt. Somit läuft das Problem letztlich auf die bereits erörterte[139] Frage hinaus, ob der Staat einen Anspruch auf die Zahlung einer Schuld mit liquiden Mitteln hat. Das Interesse, Bargeld er erhalten, ist auch in diesem Zusammenhang weder rechtlich noch wirtschaftlich beachtenswert: Durch die Aufrechnung wird die Steuerforderung erfüllt, ohne daß der Fiskus dabei irgendetwas verliert. Zu Recht wenden daher Literatur[140] und Judikatur[141] § 271 Abs. 2 BGB auch im Steuerrecht an und räumen dem Steuerpflichtigen die Aufrechnungsbefugnis grundsätzlich ein, sobald die Steuerschuld entstanden ist, ohne Rücksicht auf die Festsetzung oder Fälligkeit der Steuer.

Maßgeblicher Zeitpunkt für die Aufrechnung gegen Steuerforderungen ist daher der Zeitpunkt der Entstehung der betreffenden Steuerforderungen, der gemäß § 3 StAnpG im allgemeinen schon auf den Termin zu datieren ist, in dem der Tatbestand erfüllt ist, an den die Steuer geknüpft wird. Die Festsetzung oder Veranlagung einer Steuer braucht nicht abgewartet zu werden, da hiermit die Steuerschuld nicht erst begründet, sondern lediglich festgestellt und vollstreckbar wird. Insofern kommt der Festsetzung oder Veranlagung der Steuer lediglich deklara-

---

[138] BFHE 58, 294 (296).
[139] Vgl. oben unter II, 2, 3, Erster Teil.
[140] *Paulick*, Lehrbuch, 2. Aufl., § 27 I, 5, S. 204; *v. Löbbecke*, S. 88; *Spohr*, StW 1939, Sp. 682; *Leibrecht*, StW 1953, Sp. 85; *Rössler*, NJW 1969, S. 495; *Fuchs*, FR 1956, 322.
[141] BFHE 58, 294; 59, 432.

torische Wirkung zu[142]. Eine „zutreffende Auslegung"[143] hat diese Rechtslage in § 33 Abs. 2 BeitrO gefunden, der die Aufrechnung des Vollstreckungsschuldners ausdrücklich vor Fälligwerden der Steuerforderungen zuläßt[144].

---

[142] Das zeigt sich auch schon darin, daß z. B. der Verjährungsbeginn sich auch nach dem Entstehungs- und nicht nach dem Festsetzungszeitpunkt richtet (§ 145 AO).
[143] BFHE 58, 297.
[144] Vgl. den Text der Vorschrift hinten in den Materialien.

Dritter Teil

Gesetzlicher Ausschluß und Beschränkung der Aufrechnungsbefugnis

Das Bürgerliche Gesetzbuch enthält in den §§ 390 bis 395 Bestimmungen, die die Aufrechnungsbefugnis einschränken, in bestimmten Fällen auch ausschließen. Die Anwendbarkeit bzw. Übertragbarkeit dieser Vorschriften in das Steuerrecht ist zu prüfen.

I. Aufrechnung mit einredebehafteten Forderungen

In § 390 Satz 1 BGB wird die Konsequenz daraus gezogen, daß die Aufrechnung für den Aufrechnenden eine Form der Selbstexekution ist. Wenn die Durchsetzung eines Anspruchs mittels Klage und Vollstreckung infolge einer Einrede ausgeschlossen ist, dann kann und soll die Selbstexekution durch Aufrechnung nicht herbeigeführt werden[1]. Ließe man das zu, bestünde die Gefahr des Mißbrauchs der Aufrechnung zur Umgehung unzulässiger Zwangsvollstreckungen.

Da die Wirkungen der Aufrechnung — wie gezeigt — gleichermaßen für das bürgerliche wie für das Steuerrecht gelten und zudem auch das Steuerrecht einige Einreden kennt[2], muß diese Überlegung auch hier durchgreifen und die Aufrechnung mit einredebehafteten Forderungen verbieten.

II. Aufrechnung mit verjährten Forderungen

Problematisch ist dagegen die Anwendung des § 390 Satz 2 BGB, der von dem in Satz 1 enthaltenen Grundsatz eine Ausnahme für den Fall trifft, daß es sich um verjährte Forderungen handelt: Mit einer verjährten Forderung darf aufgerechnet werden, sofern die Verjährung noch nicht eingetreten war, als die Forderungen einander aufrechenbar gegenübertraten.

Die Schwierigkeiten hinsichtlich der Anwendbarkeit dieser Bestimmung werden darin gesehen, daß im Steuerrecht die Verjährungsvorschriften dem Verpflichteten nicht wie in § 222 Abs. 1 BGB ein Lei-

---
[1] *Siber*, S. 137; *Erman / Westermann*, 5. Aufl., § 390 Anm. 1.
[2] Vgl. §§ 327, 328, 330 AO.

stungsverweigerungsrecht gewähren, sondern die §§ 143 ff. AO für die Ansprüche des Abgabenberechtigten aus Steuergesetzen eine von den §§ 194 ff. BGB weitgehend losgelöste Regelung der Verjährung enthalten[3]. Gemäß § 148 AO „erlischt der Anspruch (des Abgabenberechtigten) mit seinen Nebenansprüchen durch die Vollendung der Verjährung".

Zu der Frage, ob dennoch im Steuerrecht mit verjährten Abgabenforderungen aufgerechnet werden kann, liegen unterschiedliche Aussagen des Reichsfinanzhofes[4] und des Reichsgerichts[5] vor: Der Reichsfinanzhof tritt in seinem Gutachten für eine Anwendung des § 390 Satz 2 BGB im Steuerrecht ein. Wesentlich sei einmal, daß die Aufrechnung sowohl im Zivilrecht als auch im Steuerrecht rückwirkende Kraft[6] habe. Daraus ergebe sich, daß nicht nur die Rechtslage im Zeitpunkt der Aufrechnungserklärung, sondern auch und gerade diejenige von Bedeutung sei, die bei Eintritt der Aufrechenbarkeit vorgelegen habe. Wenn zu dieser Zeit die Aktivforderung noch nicht verjährt war, könne sie trotz inzwischen eingetretener Verjährung noch aufgerechnet werden. Der Reichsfinanzhof macht nicht den Fehler, § 390 Satz 2 BGB, allein aus der rückwirkenden Kraft der Aufrechnung zu erklären, wie das im Schrifttum[7] überwiegend der Fall ist[8], sondern mißt im Hinblick auf die Anwendung der Vorschrift im Steuerrecht den Rechtswirkungen der Verjährung entscheidende Bedeutung bei. Er gelangt aber zu der Auffassung, daß trotz des „Erlöschens" der Steueransprüche durch Verjährung die Anwendung des § 390 Satz 2 BGB im Steuerrecht nicht gehindert ist. Die Rechtslage sei trotz der verschiedenen Rechtsfolgen insofern vergleichbar, als hier wie dort das zur Befriedigung oder Siche-

---

[3] Nach §§ 143 ff. n. F. verjähren nur solche Abgabenansprüche, die der Gesetzgebung des Bundes unterliegen und durch Bundes- oder Landesfinanzbehörden verwaltet werden. Für Abgabenansprüche, die der Landesgesetzgebung unterliegen und durch Landesfinanzbehörden verwaltet werden, galten die Verjährungsvorschriften in der Fassung des AOÄG von 1965 nur, wenn die AO-Anwendungsgesetze der Länder die jeweils geltende Fassung der AO für anwendbar erklärten. Mit Ausnahme des hessischen Gesetzes in der Fassung vom 29. Dezember 1961 traf das für alle Landesgesetze zu. Mit dem AO-Anwendungsgesetz vom 17. Januar 1966 wurde auch in Hessen die AO in der Fassung des AOÄG ausdrücklich für anwendbar erklärt. Realsteuern verjähren ungeachtet eventueller landesrechtlicher Vorschriften nach Maßgabe der § 143 n. F. Das preußische Verjährungsgesetz von 1840 findet keine Anwendung mehr.

[4] Gutachten des Reichsfinanzhofes vom 14. November 1942, Gr. S. D. 5/42, RFHE 52, 210 = RStBl. 1942, 1061 = StW 1942, Nr. 401.

[5] Beschluß des Großen Senats des Reichsgerichts vom 17. Juli 1943, GSE 10/43, ZAKDR 1944, 69.

[6] Vgl. § 34 Abs. 1 BeitrO in den Materialien.

[7] Vgl. statt vieler: *Palandt / Putzo*, 34. Aufl., § 390 Anm. 3.

[8] Daß § 390 Satz 2 BGB nicht Folge des § 389 BGB ist, ergibt sich aus Satz 1, wonach später entstehende Einreden die Aufrechnung grundsätzlich ausschließen. Wäre § 389 BGB ratio legis, so müßten *alle* später entstandenen Einreden unbeachtlich sein, nicht nur die Verjährung.

II. Aufrechnung mit verjährten Forderungen

rung eines verjährten Anspruchs Geleistete nicht zurückgefordert werden könne, § 222 Abs. 2 BGB, § 148 Satz 2 AO a. F. Darüber hinaus könne das Finanzamt eine ihm geleistete Sicherheit trotz Verjährung zur Tilgung des Anspruches verwerten, § 381 AO.

Der Große Senat des Reichsgerichtes hat diese Folgerung abgelehnt: „Nach allgemeinen Aufrechnungsgrundsätzen, die auch für öffentlich-rechtliche Ansprüche zu gelten haben, kann gegen eine Forderung nur mit einem Anspruch aufgerechnet werden, der gefordert werden kann, also mit einer bestehenden Forderung; eine Forderung, die bestanden hat, aber erloschen ist, kann nicht mehr zur Aufrechnung verwendet werden". Da nach § 148 AO der Steueranspruch durch Verjährung erlösche, könne er folglich nicht mehr aufgerechnet werden.

In beiden Entscheidungen wird also die Frage der Zulässigkeit der Aufrechnung mit verjährten Forderungen von der Funktion der Verjährung im Steuerrecht abhängig gemacht. Nur über die Konsequenzen der andersgearteten Rechtsfolgen der Verjährung im Steuerrecht gehen die Auffassungen auseinander. Trotz des Erlöschens der Forderung sieht der Reichsfinanzhof noch genügend Gemeinsamkeiten, die eine Gleichbehandlung des Rechtsinstitutes in beiden Rechtsgebieten rechtfertigen. Diese Meinung des Reichsfinanzhofes hat erheblich dadurch an Boden verloren, daß sein Hauptargument, die mangelnde Kondizierbarkeit des auf die verjährte Forderung Geleisteten, heute nicht mehr zieht. Diese Bestimmung in § 148 Satz 2 ist durch das AOÄndG von 1965 aufgehoben worden.

Dennoch erscheint es zweifelhaft, ob allein die Aufhebung der Regelung des § 148 Satz 2 AO Grund genug ist, um den Ausführungen des Reichsgerichtes zuzustimmen und die Aufrechnung mit verjährten Forderungen als unzulässig abzulehnen[9]. Zweifel sind deshalb angebracht, weil nirgends in der Abgabenordnung ausdrücklich bestimmt ist, daß das zur Befriedigung oder Sicherung verjährter Ansprüche Geleistete zurückgefordert werden kann, auch nicht in § 151 oder § 152 Abs. 1 AO. Es könnte allenfalls ein allgemeiner öffentlich-rechtlicher Erstattungsanspruch gegeben sein[10]. Zwar ist die Aufrechnung nicht Zahlung, aber Erfüllungssurrogat. Für den Steuerpflichtigen (Aufrechnungsgegner) bedeutet die Aufrechnung mit einer verjährten Abgabenforderung, daß er seine Forderung für eine erloschene Gegenforderung — für eine Nichtschuld — verliert. Da die Aufgabe seiner Forderung ohne Rechtsgrund erfolgt ist, müßte er theoretisch das, was der Steuergläubiger

---

[9] So aber *Tipke / Kruse*, § 124 Anm. 1; ablehnend: *Rössler*, NJW 1969, 495.
[10] *Tipke / Kruse*, § 124 Anm. 1, § 152 Anm. 2, meinen, das auf eine verjährte Forderung Geleistete sei im Sinne der Rechtsprechung zu § 152 Abs. 1 AO „doppelt" gezahlt und bejahen deshalb einen öffentlich-rechtlichen Erstattungsanspruch.

„erlangt" hat, zurückfordern können. Das heißt, auch wenn die Gestaltungswirkung der einmal erklärten Aufrechnung durch Urteil nicht beseitigt werden kann, so müßte der Aufrechnungsgegner wenigstens berechtigt sein, einen Bereicherungsanspruch (im öffentlichen Recht: Erstattungsanspruch) in Höhe seiner Hauptforderung geltend zu machen. Mit dem Hinweis auf den Bestand beider Forderungen im Zeitpunkt der ersten Aufrechenbarkeit könnte man diesen Kondiktionsanspruch nicht abschneiden. Nach dem Bereicherungsrecht des BGB, das im Steuerrecht entsprechend anwendbar ist, findet ein Bereicherungsausgleich auch statt, „wenn der rechtliche Grund später wegfällt", § 812 Abs. 1 Satz 2, 1. Alt. BGB.

Erkennt man den Erstattungsanspruch an, muß die Aufrechnung mit verjährten Abgabenforderungen ausgeschlossen sein, denn sie wäre rechtlich und wirtschaftlich sinnlos. Zwar würde die ursprüngliche Hauptforderung getilgt und die Steuerforderung befriedigt, es würde zugleich aber auch eine neue Forderung für den Steuerpflichtigen entstehen, die an die Stelle der ursprünglichen Hauptforderung tritt. Außer an Zeit wäre für den Steuergläubiger durch die Aufrechnung nichts gewonnen, denn auch nach deren Vollziehung würde er einen Betrag in der nämlichen Höhe schulden, nur daß der Schuldgrund sich inzwischen gewandelt hat.

Dieses Ergebnis[11] mag folgerichtig sein unter Berücksichtigung der Gesichtspunkte, die die Rechtsprechung in ihren Entscheidungen behandelt hat. Es fragt sich aber, ob sie der Aufrechnung mit ihren verschiedenartigen Funktionen gerecht geworden ist. Erörtert wurden die Tilgungsfunktion und die Wirkungen der Verjährung gemäß § 222 BGB. Unberücksichtigt blieben dagegen die Befriedigungsfunktion der Aufrechnung und — was in diesem Zusammenhang noch wichtiger ist — daß das Aufrechnungs*recht* Sicherungscharakter hat. Die eigene Forderung (Gegenforderung) des Schuldners der Hauptforderung ist durch das ihm zustehende Aufrechnungsrecht ähnlich einem Pfandrecht an der eigenen Schuld gesichert. Unter Berücksichtigung dieses Aspektes ist § 390 Satz 2 BGB Ausdruck des in § 223 BGB enthaltenen Rechtsgedan-

---

[11] Im Ergebnis schließen die Anwendung des § 390 Satz 2 BGB im Steuerrecht aus: *Meier-Branecke*, AöR Bd. 50 (1926), S. 278; *v. Löbbecke*, S. 32; *Becker / Riewald / Koch*, Band I, § 124 Anm. 7; *Spohr*, StW 1939, Sp. 669. Für den Bereich des Arbeitsrechtes, in dem tarifliche Ausschlußfristen die gleiche Rechtswirkung haben wie die Verjährung im Steuerrecht, haben das BAG E 20, 156; BB 1973, 1638 = DB 1974, 585, und im Anschluß daran der BGH in einem nicht veröffentlichten Beschluß unter Aufgabe seiner in BGHZ 26, 304 geäußerten Ansicht, die Anwendung von § 390 Satz 2 BGB auf ausgeschlossene Forderungen abgelehnt. Beide Gerichte versäumen es, sich mit dem Gesetz auseinanderzusetzen und stützen ihre Entscheidungen auf Billigkeitserwägungen. Das kritisiert mit Recht *Bötticher* in Festschrift für Schima, S. 103 ff.

II. Aufrechnung mit verjährten Forderungen

kens, daß einmal entstandene Sicherungsrechte nicht dadurch untergehen, daß die zu sichernde Forderung verjährt[12].

In § 223 BGB zeigt sich, daß auch die Akzessorietät eines Sicherungsrechtes limitiert ist; sie reicht nur so weit, wie der Sicherungszweck es erfordert. Das muß nicht nur eine Beschränkung des Sicherungsrechtes bedeuten, sondern hat zur Folge, daß das Sicherungsrecht auch losgelöst von der gesicherten Forderung bestehen kann, wenn der Sicherungszweck es erfordert. Versteht man das Aufrechnungsrecht als Sicherungsrecht der eigenen Forderung, dann entfällt die Aufrechnungsbefugnis nicht, wenn die Befriedigung infolge Verjährung ausgeschlossen ist[13]. Gerade hier muß sich die Sicherungsfunktion des Aufrechnungsrechtes bewähren[14]. Ob die Verjährung vernichtet oder nur hemmt, einredeweise geltend zu machen oder von Amts wegen zu berücksichtigen ist, ist in diesem Zusammenhang ohne Bedeutung. Die Frage nach der Zulässigkeit der Aufrechnung mit verjährten Forderungen ist also im wesentlichen eine Frage nach dem Sicherungsbereich des Aufrechnungsrechtes. Der Gesetzgeber hat diese rechtspolitische Frage zugunsten des Aufrechnungsberechtigten entschieden, ohne daß dabei die Ausgestaltung der Verjährung eine Rolle gespielt hat[15]. Man muß deshalb zu dem Schluß gelangen, daß die Unterschiede des Verjährungsrechtes nicht die Bedeutung haben, die die Gerichte ihnen in diesem Zusammenhang bisher beimessen, sondern darf davon ausgehen, daß der Gesetzgeber des BGB die Aufrechnung mit verjährten Forderungen auch zugelassen hätte, wenn auch nach bürgerlichem Recht die Forderung durch Verjährung erlöschen würde[16]. § 390 Satz 2 BGB beansprucht deshalb auch im Steuerrecht Geltung.

Für die Ansprüche des Abgabenverpflichteten gilt folgendes: Auch Erstattungs- und Vergütungsansprüche unterliegen nicht einer den Grundsätzen des BGB entsprechenden Verjährung, sondern sie erlöschen ebenfalls, wenn sie nicht innerhalb bestimmter Fristen geltend gemacht werden, vgl. §§ 153, 158 AO. Gleichwohl ist entsprechend den obigen Ausführungen gemäß § 390 Satz 2 BGB die Aufrechnung auch mit den verjährten Forderungen für den Steuerschuldner zulässig.

---

[12] *Weigelin*, S. 55, 167; vgl. auch *Bötticher* in Festschrift für Schima, S. 103 ff.
[13] Das gleiche gilt im Fall der Abtretung der Hauptforderung, vgl. § 406 BGB, nicht aber bei nachträglicher Zahlung, Erlaß, Novation oder Stundung der Gegenforderung. Dagegen will die Aufrechnungsbefugnis nicht sichern.
[14] Vgl. allgemein zum Verhältnis von Sicherungszweck und Akzessorietät: *Bettermann*, NJW 1953, 1817.
[15] Protokolle zur 2. Lesung des BGB, Bd. 1, S. 363.
[16] So im Ergebnis auch *Zitzlaff*, StW 1950, Sp. 275 ff. und — allerdings mit weniger überzeugender Begründung — *K. Schefold*, StW 1951, Sp. 27 ff.

III. Aufrechnung gegen einredebehaftete Forderungen

Anders verhält es sich bei der Aufrechnung gegen einredebehaftete Forderungen. Unabhängig davon, ob es sich um peremptorische oder um dilatorische Einreden handelt, treten ihre Wirkungen erst dann ein, wenn der Schuldner sich darauf beruft. Die Schuld wird also nur dann zu einer Nichtschuld oder die Geltendmachung des Anspruches ausgeschlossen, wenn die Einrede tatsächlich erhoben wird. In der Aufrechnungserklärung ist aber gerade ein konkludenter Verzicht auf die Geltendmachung einer Einredebefugnis zu sehen. Dieser Verzicht ist ohne weiteres möglich; den „Schaden" trägt in diesen Fällen der Aufrechnende, nicht sein Gegner. Denn der Aufrechnende selbst ist es, dem die Einrede zusteht, ihm muß es also auch überlassen bleiben, ob er sie erhebt oder nicht.

Das Gesagte soll nicht nur der Klarstellung im Privatrecht dienen, sondern ist von gleicher Bedeutung auch für die wenigen Einreden im Steuerrecht. Im Ergebnis gilt daher für beide Rechtsgebiete, daß eine der Passivforderung entgegenstehende Einrede die Aufrechnung nicht hindert.

IV. Aufrechnung gegen beschlagnahmte Forderungen

§ 392 BGB schließt die Aufrechnung gegen beschlagnahmte Forderungen aus, sofern der Aufrechnende seine Gegenforderung erst nach der Beschlagnahme erworben hat, oder wenn seine Forderung erst nach der Beschlagnahme und später als die in Beschlag genommene Forderung fällig geworden ist. Durch die Beschlagnahme ist der Drittschuldner — hier der Aufrechnende — gehindert, die Forderung durch Leistung an den bisherigen Gläubiger zu erfüllen. Der Grund ist darin zu sehen, daß der Gläubiger durch die Beschlagnahme mit der aktiven auch die passive Verfügungsbefugnis verliert[17]. Das heißt, ihm gegenüber können rechtswirksam keine Verfügungen mehr vorgenommen werden, er ist nicht mehr zuständiger Empfänger von Willenserklärungen, durch welche die beschlagnahmte Forderung aufgehoben oder verändert wird, ihm kann daher auch nicht mehr geleistet werden. Deshalb ist die gerichtliche Beschlagnahme außer mit einem Veräußerungs- und Einziehungsverbot für den Gläubiger stets auch mit einem Erfüllungsverbot für den Drittschuldner verbunden, vgl. § 829 Abs. 1 Satz 2 ZPO. Das müßte streng genommen auch für die erfüllungsähnliche Aufrech-

---

[17] Diese Begriffe wurden in der Rechtsprechung und Literatur bisher nicht genügend unterschieden. Sie bilden aber die eigentliche Grundlage des überall vertretenen Ergebnisses, daß infolge der Pfändung für den Schuldner ein Einziehungsverbot, für den Drittschuldner ein Zahlungsverbot besteht. Vgl. statt aller: *Stein / Jonas / Münzberg*, Kommentar zur ZPO, 19. Aufl., § 829 VI 3 und VII.

nung gelten. Jedoch hat der Gesetzgeber in § 392 BGB der Schutzbedürftigkeit des Drittschuldners Rechnung getragen. Es ist berücksichtigt, daß der Drittschuldner zur Aufrechnung schon vor jenem Zeitpunkt in der Lage gewesen wäre, sofern sich Forderung und Gegenforderung bereits vor der Beschlagnahme aufrechnungsfähig gegenüberstanden, und daß die beschlagnahmte Forderung zur Zeit der Beschlagnahme im Falle rechtzeitiger Geltendmachung der Aufrechnung nicht mehr bestanden hätte. Der Aufrechnungsberechtigte soll nicht durch nachträgliche Vorgänge, die seiner Einflußmöglichkeit entzogen sind und sich in der Sphäre des Aufrechnungsgegners abspielen, der ursprünglich vorhanden gewesenen Aufrechnungsbefugnis verlustig gehen[18]. Der Schutz des Drittschuldners aus § 392 BGB muß folgerichtig versagen, wenn er auch vor der Beschlagnahme aus irgendeinem Grunde nicht zur Aufrechnung in der Lage war. Daraus folgt, daß die Beschlagnahme die Aufrechnung dann ausschließt, wenn der Drittschuldner seine Gegenforderung erst nach der Beschlagnahme erworben hat, wie auch dann, wenn die Forderung zwar bestand, aber noch nicht fällig war.

Die in § 392 BGB geregelte Interessenlage ist im Steuerrecht die gleiche, so daß die Aufrechnung unter den entsprechenden Voraussetzungen auch in diesem Rechtsgebiet ausgeschlossen ist[19]. Allerdings hat § 392 BGB nur Bedeutung für die Aufrechnung des Staates gegen den Bürger, denn es ist wohl eine Beschlagnahme der gegen den Fiskus gerichteten Forderung, nicht aber der diesem zustehenden Steuerforderung möglich. Hat beispielsweise ein Bürger für geleistete Bauarbeiten eine Forderung gegen den Bund in Höhe von 5000, die am 15. Mai 1974 fällig ist, und schuldet er seinerseits dem Bund DM 3000 Umsatzsteuer für April 1974, so kann das Finanzamt auch dann noch aufrechnen, wenn die Forderung des Bürgers am 5. Mai 1974 zugunsten einer Bank gepfändet worden ist[20], denn der Umsatzsteueranspruch ist vor der Beschlagnahme entstanden und früher als die in Beschlag genommene Forderung fällig geworden.

V. Aufrechnung gegen eine Schadensersatzforderung aus vorsätzlich begangener unerlaubter Handlung

§ 393 BGB schließt die Aufrechnung für den Fall aus, daß die Passivforderung ihren Grund in einer vorsätzlich begangenen unerlaubten Handlung hat. Der Schuldner einer deliktischen Forderung soll den

---

[18] Ein vergleichbares Schutzbedürfnis entsteht für den Aufrechnungsberechtigten im Falle der Zession der Hauptforderung. Eine Parallele zu der in § 392 BGB getroffenen Regelung findet sich daher in §§ 404, 406 BGB.
[19] *Spohr*, StW 1939, Sp. 676.
[20] Vgl. das Beispiel bei *Müller*: Das Vollstreckungswesen der Finanzämter, 1938, S. 96.

angerichteten Schaden wiedergutmachen und gehindert sein, seine Schuld dadurch ihrer Genugtuungsfunktion zu entkleiden, daß er sie im Wege der Aufrechnung tilgt[21].

1. Aufrechnung des Staates

Der Fiskus ist demnach gehindert, seine Steuerforderung mit einer gegen dieselbe Gebietskörperschaft gerichteten Forderung des Steuerpflichtigen aus vorsätzlicher Amtspflichtverletzung zu verrechnen. Zweifelhaft war die Anwendbarkeit des § 393 BGB nur bei Entschädigungsforderungen nach dem Bundesgesetz zur Entschädigung für Opfer der nationalsozialistischen Verfolgung (BEG)[22], weil diese Ansprüche nicht aus unerlaubter Handlung im Sinne des § 823 BGB resultieren[23]. Der Bundesfinanzhof[24] hat sie vielmehr als „neue eigengeartete Ansprüche" angesehen, die zudem noch die Besonderheit aufweisen, daß sie nicht unmittelbar gegen den Täter der Unrechtshandlung, sondern gegen das jeweilige Bundesland gerichtet sind, in dem der Berechtigte seinen Wohnsitz hat, § 188 BEG. Dennoch bietet es sich an, gerade diese Lücke im Wege einer Übertragung des Grundsatzes aus § 393 BGB zu schließen: Die unter nationalsozialistischer Herrschaftsmacht getroffenen Verfolgungsmaßnahmen sind Handlungen, deren Unrechtsgehalt zumeist weit schwerwiegender, auf jeden Fall jedoch auf eine Stufe zu stellen ist mit dem Unrechtsgehalt der in § 823 BGB bezeichneten unerlaubten Handlungen. Der Bundesfinanzhof meint deshalb, wenn die Aufrechnung gemäß § 393 BGB schon gegen irgendwelche Schadensersatzansprüche aus Delikt ausgeschlossen sei, so müsse dies um so mehr und erst recht für die Aufrechnung gegen Ansprüche auf Entschädigung nach dem BEG gelten[25].

Im Ergebnis wird sicherlich niemand der Entscheidung des Bundesfinanzhofes widersprechen wollen. Die Begründung dagegen scheint nicht stichhaltig, denn § 393 BGB schließt die Aufrechnung nicht aus, damit der Geschädigte Sühne für erlittenes Unrecht erlangt, wie es die

---

[21] Vgl. statt aller *Palandt / Putzo*, 34. Aufl., § 393 Anm. 1.

[22] Vom 29. Juni 1956 (BGBl. I, S. 559).

[23] Entschädigung nach dem BEG wird gewährt für: Schäden an Leben, Körper, Gesundheit, Freiheit, Eigentum, Vermögen oder im beruflichen und wirtschaftlichen Fortkommen, die durch die nationalsozialistische Verfolgung entstanden sind.

[24] BFHE 83, 609.

[25] BFHE 83, 610; ebenso *Blessin / Ehrig / Wilden*, BEG-Kommentar, 3. Aufl. 1960, § 10 Anm. 13; anders dagegen *Blessin / Giessler*, BEG-Schlußgesetz, Kommentar, 1967, § 14 Anm. V, die die Sperre aus § 393 BGB deshalb nicht eingreifen lassen wollen, weil der Anspruch nicht gegen den ursprünglichen Schädiger gerichtet ist. — Dagegen spricht, daß der Unrechtsgehalt der gleiche geblieben ist und es nicht zu Lasten des Berechtigten gehen kann, daß das Reich untergegangen ist.

V. Aufrechnung gegen Forderungen aus unerlaubter Handlung

Intention des BEG ist. Es wäre konsequenter gewesen, das zweifellos interessengerechte Ergebnis statt mit § 393 BGB damit zu erklären, daß die „neuen eigengearteten Ansprüche" nach dem BEG nicht aufrechnungsfähig sind, zumal das Gesetz auch stark sozialpolitisch motiviert ist.

2. Aufrechnung des Steuerpflichtigen

Die Aufrechnung des Steuerpflichtigen ist mit Sicherheit ausgeschlossen, wenn dem Fiskus eine Forderung wegen vorsätzlicher Eigentumsverletzung zusteht. Fraglich ist dagegen, wie es sich mit der Aufrechnungsbefugnis gegen Bußgelder, Erzwingungsgelder, Sicherungsgelder und Säumniszuschläge verhält. Wie gezeigt[26], kann die Aufrechnungsbefugnis auch gegenüber solchen steuerrechtlichen Ansprüchen bestehen. Diese Fälle sind zwar von § 124 AO nicht erfaßt, aber deshalb ist die Aufrechnung nicht ausgeschlossen, sondern allein nach den zivilrechtlichen Bestimmungen zu beurteilen. Die Aufrechnung gegen eine der genannten Forderungen ist daher dann — aber auch nur dann — ausgeschlossen, wenn die Gelder oder der Zuschlag wegen einer vorsätzlich begangenen „unerlaubten"[27] Handlung verlangt werden.

Man wird deshalb bei Säumniszuschlägen gemäß § 1 StSäumG[28] zu differenzieren haben, ob die Entrichtung der Steuer vorsätzlich, fahrlässig oder aus bloßem Unvermögen, also unverschuldet, unterblieb. Nur im ersten Fall kann der Rechtsgedanke des § 393 BGB die Aufrechnung des Steuerpflichtigen hindern. Dasselbe gilt für die Erzwingungs- und Sicherungsgelder gemäß §§ 202, 203 AO: nur wenn die Befolgung von Anordnungen des Finanzamtes vorsätzlich unterbleibt bzw. die Nichteinhaltung besonders auferlegter Bedingungen vorsätzlich erfolgt, ist dem Bürger die Aufrechnung gegen diese Forderungen des Steuerfiskus verwehrt. Auch Bußgeldforderungen schließen die Aufrechnung gemäß § 393 BGB nur dann aus, wenn sie für vorsätzlich begangene Steuerordnungswidrigkeiten festgesetzt worden sind. Das kann nur bei den Ordnungswidrigkeiten gemäß §§ 405—408 AO einmal zutreffen, nicht dagegen bei einem Bußgeld, das gemäß § 404 i. V. m. § 392 AO[29] festgesetzt worden ist.

Die Aufrechnung mit einer Schadensersatzforderung aus einer vorsätzlich begangenen unerlaubten Handlung oder einer vergleichbaren

---
[26] Vgl. oben unter VI., Zweiter Teil, S. 71 ff.
[27] Gemeint sind vorsätzliche Verstöße gegen Bestimmungen der Abgabenordnung.
[28] Vom 13. Juli 1961, BGBl. I, S. 981 i. d. F. vom 12. August 1968, BGBl. I, S. 953.
[29] Bei einer Geldstrafe gemäß § 392 AO ist die Aufrechnung des Bürgers mit Forderungen gegen den Steuerfiskus schon mangels Gegenseitigkeit ausgeschlossen, denn Gläubiger der Geldstrafe ist nicht der Fiskus.

Forderung aus Steuerrecht ist dagegen unbenommen. Das bedeutet, der Gläubiger einer solchen Forderung kann aufrechnen, der Schuldner kann es nicht.

VI. Aufrechnung gegen unpfändbare Forderungen

In § 394 Satz 1 BGB wird die Aufrechnung in dem Maße für unstatthaft erklärt, wie die Passivforderung nicht der Pfändung unterliegt. Diese Vorschrift ist eine Konsequenz der mit der Aufrechnung verbundenen Befriedigungsfunktion für den Aufrechnenden: wenn eine Forderung der Exekution entzogen ist, muß das auch gelten für die durch Aufrechnung herbeigeführte Selbstexekution.

Da die Funktion der Aufrechnung im Privatrecht und im Steuerrecht gleich ist, muß diese Überlegung grundsätzlich auch im Steuerrecht durchgreifen[30]. Allerdings kann § 394 BGB im Steuerrecht nicht uneingeschränkt gelten, denn wenn man mit der Übertragung des Rechtsgedankens in jedem Falle Ernst macht, könnte und dürfte es § 124 AO nicht geben. Steuerforderungen sind nicht übertragbar und unpfändbar; streng genommen müßte die Aufrechnung des Steuerpflichtigen gegen diese Ansprüche gemäß § 394 BGB also ausgeschlossen sein. Jedoch ist ihm die Aufrechnungsbefugnis grundsätzlich auch gegen diese Forderungen eingeräumt worden, und das mit Recht: Die praktisch bedeutsamsten Pfändungsverbote finden sich in den §§ 850 bis 850 i ZPO, weitere in den Sozialversicherungsgesetzen[31]. Den Pfändungsschutzvorschriften haftet also eine erhebliche sozialpolitische Komponente an. Speziell die §§ 850 ff. ZPO sollen gewährleisten, daß dem Schuldner das zum Lebensunterhalt für ihn und seine Angehörigen Notwendige erhalten bleibt[32]. Eines solchen Schutzes bedarf der Staat nicht. Die Aufrechnung des Steuerpflichtigen nach § 124 AO ist deshalb nicht durch den Grundsatz des § 394 BGB beschränkt[33], wohl aber die Aufrechnung des Staates.

VII. Aufrechnung bei einer Mehrheit von Forderungen

Keine Einschränkung, wohl aber eine besondere Verfahrensregel findet sich schließlich in § 396 BGB. Hierin wird für den Fall, daß auf der

---

[30] *v. Löbbecke*, S. 31; *Spohr*, StW 1939, Sp. 670.
[31] Vgl. dazu § 119 RVO; § 76 AVG; § 92 RKnappschG.
[32] *Baumbach / Lauterbach*, ZPO, 32. Aufl., Einf. vor § 850 Anm. 1 A.
[33] *Becker / Riewald / Koch*, Band I, § 124 Anm. 2 f., 5. Das zeigt sich auch in den Bestimmungen der BeitrO. § 32 Abs. 2 Satz 1 BeitrO — der dem § 394 BGB entspricht — betrifft ausschließlich die Aufrechnung durch das Finanzamt. § 33 BeitrO, der die Aufrechnung des Steuerpflichtigen regelt, enthält dagegen eine derartige Beschränkung nicht.

VII. Aufrechnung bei einer Mehrheit von Forderungen

einen oder der anderen Seite mehrere zur Aufrechnung geeignete Forderungen vorhanden sind, dem Aufrechnungsberechtigten ein doppeltes Wahlrecht eingeräumt: er kann sowohl bestimmen, mit welcher Forderung, als auch gegen welche Forderung er aufrechnen will.

Eine Erklärung findet diese Vorschrift unter dem Gesichtspunkt der Befriedigungsfunktion der Aufrechnung ebenso wie unter dem Gesichtspunkt der Tilgung. Sicher legt der Hinweis auf § 366 Satz 2 BGB für den Fall, daß der Aufrechnende keine besondere Bestimmung trifft, es nahe, diese Wahlmöglichkeit als derjenigen bei Verpflichtungen aus mehreren Schuldverhältnissen entsprechend anzusehen[34]. Mit dem gleichen Erfolg läßt sich die Vorschrift von dem Sicherungscharakter der Aufrechnung her erklären: Zur Befriedigung seiner Forderung stehen dem Aufrechnenden mehrere Schulden — Forderungen des Aufrechnungsgegners — zur Verfügung, die in der Weise mit einem Sicherungsrecht belastet sind, daß nicht nur eine der mehreren Schulden für die zu befriedigende Forderung des Aufrechnungsberechtigten haftet, sondern jede der Forderungen, und zwar auf das Ganze. Es wird damit einer Regelung entsprochen, die auch sonst im Bürgerlichen Gesetzbuch für Sicherungsrechte allgemein üblich ist[35].

Im Hinblick auf die Doppelfunktion der Aufrechnung ist es bedeutsam, daß das Wahlrecht unter beiden Aspekten rechtlich fundiert ist. Der enge Zusammenhang der Vorschrift mit den Funktionen der Aufrechnung — die im Privatrecht und Steuerrecht gleich ist — rechtfertigt es wiederum, dem Aufrechnungsberechtigten das doppelte Wahlrecht grundsätzlich auch bei der Aufrechnung mit und gegen steuerrechtliche Forderungen zu gewähren. Das besagt jetzt ausdrücklich auch § 123 AO, der in seiner jetzigen Fassung[36] die Regelung der §§ 396, 366 Abs. 2 BGB nahezu wörtlich übernimmt. Der vorher geführte Streit, ob im Steuerrecht eine Wahlmöglichkeit überhaupt zu verneinen[37] bzw. die vorhandene Lücke durch eine entsprechende Anwendung des § 123 a. F.[38] oder

---

[34] Der BFH stützt die Geltung des § 396 BGB im Steuerrecht allein auf diesen Gesichtspunkt, vgl. HFR 1964, 258.
[35] Vgl. z. B. §§ 1132 (Gesamthypothek), 1222 (Pfandrecht an mehreren Sachen), 1230 (Auswahl unter mehreren Pfändern). Es liegt daher in dieser Vorschrift einer der wichtigsten Ansatzpunkte, die Weigelins Auffassung vom Aufrechnungsrecht als Pfandrecht an der eigenen Schuld stützen.
[36] Geändert durch das 2. AOStrafÄndG vom 12. August 1968, BGBl. I, S. 953.
[37] v. Löbbecke, S. 88, wollte die Wahlmöglichkeit u. a. mit dem Hinweis darauf ausschließen, daß die Beitreibungsordnung keine dem § 396 BGB entsprechende Vorschrift enthalte. Da sich in dieser Verordnung kein Hinweis darauf fand, daß es sich um eine bewußte Lücke handelte, war diese Auffassung schon damals unhaltbar, denn nun bot sich die Übertragung des Rechtsgedankens aus § 396 BGB doch geradezu an.
[38] Liebisch, S. 92.

eine Übertragung des Rechtsgedankens aus § 396 BGB zu schließen sei, ist damit zugunsten der letzten Möglichkeit entschieden worden.

Jedoch hätte man auch ohne diese Gesetzesänderung die Einräumung des Wahlrechtes im Steuerrecht nicht hindern können. Das von Löbbecke[39] erhobene Bedenken, dadurch werde eine Aufrechnung etwa gegen Geldstrafen ermöglicht, konnte schon deshalb nicht durchschlagen, weil es einen Denkfehler enthält: Jede Analogie findet ihre Grenzen dort, wo sie in Kollision mit bereits bestehenden Normen oder Rechtsgrundsätzen gerät. Der Anwendungsbereich jeder Norm endet dort, wo er an die Grenzen anderer Vorschriften stößt. Das heißt, das Wahlrecht aus § 396 BGB kann selbstverständlich nicht die Beschränkungen insbesondere der §§ 393, 394 BGB außer Kraft setzen; es besteht selbst nur innerhalb der von Gesetzes wegen zulässigen Aufrechnungsmöglichkeiten. Die von v. Löbbecke befürchtete Ausweitung des Aufrechnungsrechtes kann deshalb nicht eintreten, da auch im Steuerrecht die Aufrechnungsbeschränkungen des Bürgerlichen Gesetzbuches wirken.

---

[39] Teil 2, Fn. 109.

Vierter Teil

Vollziehung der Aufrechnung

I. Vollziehung durch den Steuerpflichtigen

Gemäß § 388 BGB erfolgt die Ausübung des Aufrechnungsrechtes durch eine empfangsbedürftige Willenserklärung des Berechtigten. Das ist im Steuerrecht nicht anders, weil für den Bürger auch hier keine andere Möglichkeit besteht, seinen Willen zu artikulieren. Der einzige Unterschied liegt darin, daß die Erklärung der Zivilperson aufgrund öffentlich-rechtlicher, hier speziell steuerrechtlicher Vorschriften zugerechnet wird und die eintretenden Folgen öffentlich-rechtlicher Natur sind. Unabhängig davon, wie man diese rechtsgeschäftlichen Erklärungen im öffentlichen Recht bezeichnen will[1], besteht insoweit Einigkeit, daß sie mangels besonderer gesetzlicher Regelung analog den §§ 116 ff., 133, 164 ff. BGB zu behandeln sind[2].

Das Gesetz verlangt für die Aufrechnungserklärung keine bestimmte Form. § 33 Abs. 3 Satz 1 und 2 BeitrO bestimmen aber, daß die Erklärung schriftlich abzugeben und die Aktiv- und Passivforderung nach Grund und Höhe genau zu bezeichnen ist.

II. Vollziehung durch den Steuergläubiger

1. Erklärung gegenüber dem Bürger

Die rechtliche Qualifizierung der Aufrechnungserklärung des Steuergläubigers gelingt am ehesten, wenn man sich auf die Funktion der Aufrechnung besinnt. Sie ist nicht nur Erfüllungssurrogat, sondern auch Schuldexekution, Vollstreckungsersatz. Der Steuerfiskus hat die Möglichkeit, sich außerhalb des gesetzlichen Vollstreckungsverfahrens Befriedigung für seine Forderung zu beschaffen. In ihrer Wirkung ist die Aufrechnung selbst einer Ersatzvornahme, die Aufrechnungserklärung deren Anordnung vergleichbar. Richtigerweise ist daher die Aufrechnungserklärung des Steuergläubigers als Verwaltungsakt[3] mit einer

---
[1] Vgl. *Lüke / Huppert*, JuS 1971, S. 171.
[2] *Wolff*, Band I, 9. Aufl. 1974, § 36 II b 2, S. 256.
[3] Im Ergebnis ebenso: *Spohr*, StW 1939, Sp. 672; *Kruse*, Lehrbuch, 3. Aufl. 1973, § 15 II 6 c, S. 123; *Paulick*, Lehrbuch, 2. Aufl. 1972, § 27 II, S. 205; *Rössler*, NJW 1969, S. 495; *Becker / Riewald / Koch*, Band I, § 124 Anm. 5.

Regelung des Inhalts anzusehen, daß auf diesem Wege die Exekution herbeigeführt wird[4].

Die Richtigkeit dieser Auffassung wird durch die Beitreibungsordnung und die Übung in der Praxis bestätigt: Gemäß § 32 BeitrO ist die Aufrechnung „durch die Vollstreckungsabteilung des Finanzamtes schriftlich zu erklären (zu verfügen)". Sofern die Aufrechnung erklärt werden kann, soll die Vollstreckungsabteilung die „Zwangsvollstreckung insoweit nicht anordnen"[5]. Die Aufrechnungserklärung des Steuerfiskus ist also ein Verwaltungsakt bzw. eine Verfügung im Sinne des § 91 AO.

Dennoch ist in der Literatur verschiedentlich[6] vertreten worden, auch die Aufrechnungserklärung des Hoheitsträgers sei Willenserklärung und nicht Verwaltungsakt. Erheblich ist diese Unterscheidung nur im Hinblick auf die Rechtsmittel, im übrigen besteht kein wirklicher Gegensatz zwischen Willenserklärungen und Verwaltungsakten. Es handelt sich vielmehr um verschiedene Erscheinungsformen einer Willensäußerung, denn auch der Verwaltungsakt enthält eine, allerdings in besondere Form gekleidete und unmittelbar rechtsgestaltend wirkende Willenserklärung. Die erhobenen Bedenken enthalten nichts, was die hier vertretene Auffassung zur Rechtsqualität staatlicher Aufrechnungserklärungen wirklich erschüttern könnte: Die Feststellung von Lüke und Huppert[7], daß die durch Aufrechnung bewirkte Tilgung einer Forderung ebenso privatrechtlicher Tatbestand ist wie die Erfüllung, ist ebenso ungenau[8] wie bedeutungslos. Abgesehen davon, daß allein daraus nicht gefolgert werden könnte, daß die Aufrechnungserklärung Willenserklärung ist, stimmt auch die Prämisse nicht: die Erfüllung ist kein ausschließlich privatrechtlicher Vorgang. Sie erfolgt im öffentlichen Recht — und dort in den Sonderrechtsgebieten — mit den gleichen Wirkungen wie im Privatrecht. Es fehlt allerdings im öffentlichen Recht bisher an einer allgemeinen Regelung der Erfüllung und Erfüllungssurrogate, weil bisher insgesamt kein allgemeiner Teil des öffentlichen Rechts vorliegt. Die fehlende Regelung im öffentlichen Recht läßt

---

[4] Das meint offenbar auch das OVG Koblenz, VerwRspr. Bd. 22 (1971), S. 409 = JuS 1971, S. 432, wenn es ausführt, die Regelung liege in dem mit dem Bescheid getroffenen Entscheidung des Dienstherrn, „nunmehr gegen den Beamten wegen einer ihn betreffenden Forderung vorzugehen und dabei von dem Institut der Aufrechnung Gebrauch zu machen".

[5] Vgl. dazu unten bei den Materialien § 32 Abs. 1, 4 und 6 BeitrO.

[6] *Herbsleb*, S. 45 ff.; *Lüke / Huppert*, JuS 1971, S. 171; *Wolff I*, 9. Aufl. 1974, § 46 V 3, S. 381, nicht ganz eindeutig, *Baltzer*, StW 1955, Sp. 430; *Pfaff*, BlStSozArbR 1967, S. 130.

[7] Vgl. JuS 1971, S. 171.

[8] Die Tilgung ist nicht Tatbestand, sondern Rechtsfolge der Erfüllung. *Lüke / Huppert* unterscheiden nicht sorgfältig zwischen dem Vorgang der Erfüllung = Leistung und der Rechtsfolge = Tilgung.

aber keineswegs den Schluß zu, daß die hoheitliche Maßnahme deshalb privatrechtlicher und nicht öffentlich-rechtlicher Natur ist.

Ähnlich unzureichend ist der Einwand[9], die Aufrechnungserklärung müsse schon deshalb eine Willenserklärung sein, weil es dem auch im öffentlichen Recht geltenden § 389 BGB zuwiderlaufe, daß die Wirkungen der Aufrechnungserklärung auf den Zeitpunkt ihrer Abgabe und nicht auf den Zeitpunkt des erstmaligen Vorhandenseins zweier aufrechenbarer Forderungen zurückbezogen werden. Dies sei aber gerade die Folge der Qualifizierung der Aufrechnungserklärung des Hoheitsträgers als Verwaltungsakt. Es ist unrichtig, daß der Begriff des Verwaltungsaktes beinhaltet, daß seine rechtlichen Wirkungen nur ex nunc eintreten[10]. Zwar ist eine solche Rückdatierung nicht die Regel, sondern Ausnahme, aber es sind keine rechtlich relevanten Gründe ersichtlich, die eine ex-tunc-Wirkung von Verwaltungsakten ausschließen könnten.

Des weiteren wendet Herbsleb ein, die Qualifizierung der Aufrechnungserklärung als Verwaltungsakt lasse die Möglichkeit zu, daß der Hoheitsträger ein Erlöschen der Passivforderung bewirkt, obwohl eine Aktivforderung in keinem Zeitpunkt bestanden hat. Weil auch rechtswidrige Verwaltungsakte wirksam sind, das heißt bis zu ihrer Aufhebung Rechtswirkungen hervorbringen, werde auf diese Weise die Wirkung der Aufrechnung von dem Bestehen gegenseitiger Forderungen gelöst. Diese Überlegung enthält einen fundamentalen Denkfehler: Der mit der Aufrechnungserklärung bezweckte Rechtserfolg tritt nur ein, wenn die Voraussetzungen vorliegen, an die das Gesetz die Gestaltungsbefugnis knüpft. Steht dem Schuldner gar keine Gegenforderung zu, so bewirkt seine Erklärung — unabhängig von ihrer rechtlichen Qualifikation — nicht Tilgung der Hauptforderung. Der Bestand der Aktiv- und Passivforderung ist Wirksamkeits-, nicht nur Zulässigkeitsvoraussetzung der Aufrechnung, so daß die von Herbsleb befürchteten Folgen gar nicht eintreten können.

2. Erklärung gegenüber einem anderen Hoheitsträger

Bei der Verrechnung steuerrechtlicher Forderungen zwischen Hoheitsträgern untereinander[11] ist die Aufrechnungserklärung sowohl in

---

[9] *Herbsleb*, S. 46, 47.
[10] *Wolff* I, 9. Aufl., § 50 III, S. 422.
[11] Z. B. wenn sich die Forderung einer Gemeinde auf Zahlung ihres Anteils am Aufkommen der Einkommensteuer und die Forderung des Landes auf Überweisung der in seinem Auftrag eingezogenen Kraftfahrzeugsteuern gegenüberstehen. Welche praktische Bedeutung dieses Verfahren zwischen Hoheitsträgern hat, läßt sich nicht ermitteln. Gerichtliche Entscheidungen über die Verrechnung von Steuerforderungen zwischen Hoheitsträgern liegen bislang nicht vor.

der Rechtsform des Verwaltungsaktes als auch der Verwaltungsanordnung denkbar. Gemeinhin wird die Unterscheidung zwischen den einzelnen Formen verwaltungsbehördlichen Handelns danach getroffen, ob die angeordnete Maßnahme lediglich behördeninterne Wirkung entfaltet oder ob sie nach außen durchschlägt[12]. Dabei erfolgt die Abgrenzung aus der Sicht des Bürgers unter dem Aspekt des unmittelbaren Betroffenseins durch die hoheitliche Maßnahme.

Zur Feststellung der Rechtsnatur zwischenbehördlicher Erklärungen interessiert jedoch nicht deren Wirkung auf eine außerhalb der Verwaltung stehende Zivilperson, denn Empfänger bzw. Adressat der Aufrechnungserklärung ist ein anderer Hoheitsträger. Deshalb sind die Unterscheidungsmerkmale in diesem Zusammenhang aber nicht untauglich, denn die Wirkungen der Aufrechnungserklärung sind dieselben, unabhängig davon, ob sie gegenüber einem Bürger oder einem anderen Finanzamt abgegeben wird. Auch gegenüber einem Finanzamt wirkt die Aufrechnungserklärung wie eine einseitige konkrete Anordnung, durch die das zwischen beiden Behörden bestehende Rechtsverhältnis unmittelbar gestaltet wird. Nach Inhalt und Wirkung zu urteilen, ist die Aufrechnungserklärung auch gegenüber einem anderen Hoheitsträger ein Verwaltungsakt. Daß die Erklärung gegenüber einer Behörde und nicht gegenüber einer außerhalb der Verwaltung stehenden Zivilperson abgegeben wird, hindert diese Annahme nicht: Entscheidend für die Qualifizierung einer hoheitlichen Maßnahme ist deren Inhalt, nicht ihr Empfängerkreis[13]. Die Aufrechnungserklärung eines Finanzamtes gegenüber einem anderen ist daher ebenfalls ein Verwaltungsakt.

---

[12] *Wolff I*, 9. Aufl., § 45 II c 1, S. 369; § 46 V c 2, S. 380.
[13] *Wolff I*, 9. Aufl., § 46 VI a 1, S. 385; *Bachof*, Festschrift für Laforet, 1952, S. 313.

Fünfter Teil

Rechtsmittel gegen die Aufrechnung

Rechtsschutz in Steuersachen wird nicht nur durch gerichtliche, sondern auch durch außergerichtliche Rechtsbehelfe gewährt. Letztere sind allerdings nur gegen Verfügungen = Verwaltungsakte gegeben, sowie gegen Untätigkeit der Behörde, sofern über einen Antrag auf Erlaß einer Verfügung nicht binnen einer angemessenen Frist sachlich entschieden worden ist (§ 230 Abs. 2 AO). Zu unterscheiden sind bei den außergerichtlichen Rechtsbehelfen die ordentlichen, nämlich Einspruch und Beschwerde gemäß §§ 229, 230 AO, von den außerordentlichen, das sind Gegenvorstellung und Dienstaufsichtsbeschwerde. Gerichtliche und außergerichtliche Rechtsbehelfe sind dadurch miteinander verwoben, daß die Finanzgerichtsordnung den gerichtlichen Schutz nur nach einem erfolglosen Vorverfahren gewährt.

I. Bei Aufrechnung des Steuergläubigers

Wenn Meinungsverschiedenheiten darüber bestehen, ob eine Zahlungsverpflichtung erloschen ist, hat der Steuerpflichtige grundsätzlich die Möglichkeit, einen sogenannten Abrechnungsbescheid nach § 125 AO zu verlangen, aus dem zu entnehmen ist, welche „Zahlungen" das Finanzamt auf welche Schuld verbucht hat. Dieses Recht hat der Steuerpflichtige auch, wenn das Finanzamt die Aufrechnung erklärt hat; nur ist außer vielleicht an Klarheit und Übersicht durch die Erteilung dieses Bescheides für den Steuerpflichtigen nichts gewonnen. Dem Steuerpflichtigen geht es darum, die Aufrechnungserklärung anzugreifen bzw. zu beseitigen und die dadurch geschaffene Rechtslage zu ändern.

Durch die Anforderung eines Abrechnungsbescheides bleibt die Aufrechnungserklärung jedoch unangetastet, denn der Bescheid wird erteilt, ohne daß die bisher erlassenen Verfügungen einer Überprüfung unterzogen werden[1]. Wirksame Rechtsbehelfe sind daher für den Steuerpflichtigen nur folgende Möglichkeiten: Die Aufrechnungserklärung des Finanzamtes ist — wie festgestellt — ein Verwaltungsakt und

---

[1] Daran ändert auch nichts das Einspruchsrecht gemäß § 229 Ziff. 8 AO, denn dieser Rechtsbehelf bezieht sich nicht auf die Aufrechnungserklärung.

damit eine Verfügung im Sinne des § 91 AO. Gegen den ihm zugestellten Bescheid kann der Steuerpflichtige binnen eines Monats nach der Bekanntgabe Beschwerde erheben, §§ 230, 236 AO. Die Beschwerde ist entweder schriftlich einzureichen oder zur Niederschrift bei der Geschäftsstelle derjenigen Behörde zu erklären, deren Verfügung angefochten werden soll, § 238 Abs. 1 und 2 AO. Die Vollziehung der angegriffenen Verfügung wird allerdings durch Einlegung der Beschwerde nicht gehemmt. Das bedeutet, das Finanzamt erlangt trotz der Beschwerde Befriedigung seiner Steuerforderung, gleichzeitig wird die Forderung des Steuerpflichtigen getilgt.

Die Rechtswirkungen der Aufrechnungserklärung werden nur dann geändert oder beseitigt, wenn die Überprüfung durch die nächsthöhere Behörde[2] ergibt, daß die Beschwerde begründet ist. In diesen Fällen kann die Beschwerdebehörde entweder die Unterbehörde anweisen, die angefochtene Verfügung entsprechend dem Beschwerdeantrag zurückzunehmen oder zu ändern, § 46 Abs. 2 i. V. m. § 93 AO, oder eine förmliche Entscheidung gemäß § 247 AO erlassen, durch die die angefochtene Verfügung aufgehoben oder geändert wird.

Wird die Beschwerde als unzulässig oder unbegründet abgewiesen, kann die Aufrechnungserklärung noch im gerichtlichen Rechtsmittelverfahren angegriffen werden. In Betracht kommt die Anfechtungsklage gemäß § 40 Abs. 2 FGO. Bei der Einlegung all dieser Rechtsmittel ist grundsätzlich zu beachten, daß der Finanzrechtsweg gemäß § 33 Abs. 1 Nr. 1 FGO nur für öffentlich-rechtliche Streitigkeiten über Abgabenangelegenheiten eröffnet ist. Dazu gehören gemäß § 33 Abs. 2 Satz 2 FGO nicht die Straf- und Bußgeldangelegenheiten.

II. Bei Aufrechnung des Steuerpflichtigen

Der Steuerfiskus als Hoheitsträger bedarf keiner Rechtsbehelfe im technischen Sinne, um die Aufrechnung des Steuerpflichtigen abzuwehren. Kraft seiner hoheitlichen Gewalt kann er trotz der Aufrechnungserklärung die Vollstreckung der Hauptforderung betreiben, so daß es letztlich auch in diesen Fällen der Steuerschuldner ist, der des Schutzes bedarf und dem Rechtsbehelfe zur Abwehr gegen hoheitliche Eingriffe eingeräumt werden müssen.

Nach § 33 Abs. 5 BeitrO[3] befindet die Vollstreckungsabteilung des Finanzamtes über die Zulässigkeit der Aufrechnung und gibt ihre Ent-

---

[2] Vgl. § 249 Abs. 2 AO. Die Entscheidung über die Beschwerde gegen die Aufrechnungserklärung eines Finanzamtes liegt demnach bei der Oberfinanzdirektion, vgl. § 2 FGO.
[3] Vgl. unten bei den Materialien.

II. Bei Aufrechnung des Steuerpflichtigen

scheidung dem Steuerschuldner schriftlich bekannt. Diese Verfügung ist beschwerdefähig gemäß § 230 AO. Gegen die Beschwerdeentscheidung der Oberfinanzdirektion ist wiederum die Anfechtungsklage gemäß § 40 Abs. 2 FGO und dagegen die Revision nach § 115 FGO gegeben.

Sollte die Steuerforderung aufgrund der ablehnenden Entscheidung des Finanzamtes beigetrieben oder gezahlt werden, steht dem Steuerpflichtigen die Möglichkeit offen, einen Erstattungsantrag gemäß § 152 Abs. 1 AO zu stellen. Wird dieser Erstattungsantrag abgelehnt, kann er Einspruch gemäß § 229 Ziff. 7 AO erheben; Einspruchsbehörde ist im Gegensatz zur Beschwerde das Finanzamt, § 248 Abs. 1 AO. Gegen eine negative Einspruchsentscheidung ist der Rechtsweg zum Finanzgericht eröffnet. Richtiger Klagetyp ist in diesen Fällen die Verpflichtungsklage, denn allein mit der Beseitigung der Einspruchsentscheidung des Finanzamtes ist dem Steuerpflichtigen nicht gedient, er begehrt darüber hinaus den Erlaß der bisher abgelehnten Erstattungsverfügung. Dieser Rechtserfolg ist nicht mit der Anfechtungsklage, sondern nur mit der Verpflichtungsklage erreichbar.

Materialien

§ 124 AO

Die Steuerpflichtigen sind berechtigt, gegen Steueransprüche mit unbestrittenen oder rechtskräftig festgestellten Gegenansprüchen aufzurechnen.

§ 226 AO 1977

Aufrechnung

(1) Für die Aufrechnung mit Ansprüchen aus dem Steuerschuldverhältnis sowie für die Aufrechnung gegen diese Ansprüche gelten sinngemäß die Vorschriften des bürgerlichen Rechts, soweit nichts anderes bestimmt ist.

(2) Mit Ansprüchen aus dem Steuerschuldverhältnis kann nicht aufgerechnet werden, wenn sie durch Verjährung oder Ablauf einer Ausschlußfrist erloschen sind.

(3) Die Steuerpflichtigen können gegen Ansprüche aus dem Steuerschuldverhältnis nur mit unbestrittenen oder rechtskräftig festgestellten Gegenansprüchen aufrechnen.

(4) Für die Aufrechnung gilt als Gläubiger oder Schuldner eines Anspruches aus dem Steuerschuldverhältnis die Körperschaft, die die Steuer verwaltet.

Beitreibungsordnung vom 23. Juni 1923
in Reichsministerialblatt 1923, S. 595 ff.

§ 32 BeitrO

(1) Das Reich kann gegen Geldforderungen, die es zu begleichen hat, mit fälligen Gegenansprüchen aufrechnen, die ihm auf Grund der Steuergesetze zustehen (§ 6 Abs. 3). Namens des Reichs wird die Aufrechnung durch die Vollstreckungsabteilung des Finanzamtes erklärt, dessen Kasse für die Erhebung des Betrags, mit dem aufgerechnet wird, zuständig ist. Zur Aufrechnung gegen Forderungen, zu deren Begleichung die Kasse zuständig ist und einer besonderen Anweisung nicht bedarf (Beispiel: § 73 Abs. 1 Satz 2 der Ausführungsbestimmungen zum Einkommensteuergesetz) oder Anweisung bereits erhalten hat, ist neben der Vollstreckungsabteilung die Kasse zuständig.

(2) Die Aufrechnung gegen eine Forderung ist insoweit unzulässig, als die Forderung nicht pfändbar ist. Die Aufrechnung soll nicht erklärt werden, solange die Schuld des Reichs noch nicht fällig ist und solange der dem Reich geschuldete Betrag noch nicht in das Sollbuch eingetragen ist.

(3) Die Vollstreckungsabteilung soll gegen solche Forderungen aufrechnen, die von der Kasse des Finanzamts oder von einer dem Finanzamt unterstellten Hilfskasse zu begleichen sind. Gegen Forderungen, die aus einer anderen Kasse der Reichsfinanzverwaltung zu begleichen sind, soll die Vollstreckungsabteilung die Aufrechnung erklären, wenn die Stelle, der es obliegt, den vom Reich geschuldeten Betrag auszuzahlen oder Anweisung zur Auszahlung zu erteilen, die Vollstreckungsabteilung um die Auf-

rechnung ersucht hat. Für die Aufrechnung gegen Forderungen, die das Reich aus einer nicht dem Reichsminister der Finanzen unterstellten Kasse zu begleichen hat, gilt die Bestimmung des Satzes 2 entsprechend mit der Maßgabe, daß die Vollstreckungsabteilung nur mit Genehmigung des Landesfinanzamts aufrechnen darf; das Landesfinanzamt soll die Genehmigung nur ausnahmsweise erteilen.

(4) Die Aufrechnung ist schriftlich zu erklären (zu verfügen). Die Aufrechnungsverfügung hat die Ansprüche, die gegeneinander aufgerechnet werden, nach Grund und Betrag möglichst genau zu bezeichnen. Eine beglaubigte Abschrift der Verfügung ist dem Vollstreckungsschuldner zuzusenden. Wird auf Ersuchen einer Behörde aufgerechnet (Abs. 3 Satz 2, 3), so ist auch der Behörde eine beglaubigte Abschrift der Aufrechnungsverfügung zu übersenden. Die Behörde, die um Aufrechnung ersucht hat (Abs. 3 Satz 2, 3), darf den vom Reich geschuldeten Betrag nur dann auszahlen oder Anweisung zur Auszahlung erteilen:

1. wenn die Vollstreckungsabteilung das Ersuchen um Aufrechnung abgelehnt hat, oder
2. wenn das Ersuchen gestellt ist, binnen einer bestimmten Frist Entschließung über die Aufrechnung zu fassen, eine Nachricht über die Entschließung aber innerhalb der Frist der ersuchten Behörde nicht zugegangen ist.

(5) Hält der Vollstreckungsschuldner die Aufrechnung für unzulässig, so kann er gegen die Verfügung, durch die die Aufrechnung erklärt worden ist, Beschwerde erheben (§§ 237, 303, 304 AO). Er kann auch den Anspruch, gegen den aufgerechnet worden ist, mit den Rechtsbehelfen verfolgen, die für den Anspruch seiner Art nach gegeben sind; der Anspruch ist gegenüber der zuständigen Behörde des Dienstzweigs, in dem er entstanden ist, geltend zu machen.

(6) Die Vollstreckungsabteilung soll die Zwangsvollstreckung insoweit nicht anordnen, als sie gemäß Abs. 3 Satz 1 gegen Forderungen aus Steuergesetzen aufrechnen kann. Erlangt die Vollstreckungsabteilung davon Kenntnis, daß ein ihr angezeigter Vollstreckungsschuldner eine fällige Forderung aus einem Steuergesetz gegen das Reich hat, die aus einer nicht dem Finanzamt unterstellten Kasse der Reichsfinanzverwaltung zu begleichen ist, so soll sie die in Abs. 3 Satz 2 bezeichnete Stelle um eine Äußerung darüber ersuchen, ob die Schuld des Reichs rechtskräftig festgestellt oder unbestritten ist und ob das im Abs. 3 Satz 2 bezeichnete Ersuchen gestellt wird; die Entscheidung über die Anordnung der Zwangsvollstreckung ist, sofern nicht Gefahr im Verzuge obwaltet, auszusetzen, bis die Äußerung eingegangen ist.

§ 33 BeitrO

(1) Der Vollstreckungsschuldner (§ 7 Abs. 1, 2, § 8 Abs. 1—3) kann nur gegen die im § 6 Abs. 1 Nr. 1 bis 3 bezeichneten Steueransprüche und die darauf entfallenden Zinsen und Kosten aufrechnen. Zur Aufrechnung tauglich sind nur solche Gegenansprüche, die auf Zahlung von Geld gerichtet und fällig sind und die entweder dem Reich gegenüber rechtskräftig festgestellt sind oder vom Reich nicht bestritten werden. Der Anspruch auf Auszahlung eines Geldbetrags, der als Sicherheit dient, wird erst dann fällig, wenn die Veranlassung für die Sicherheitsleistung weggefallen ist.

(2) Der Vollstreckungsschuldner kann die Aufrechnung erklären bevor der Anspruch des Reichs fällig geworden ist. Macht der Vollstreckungsschuld-

ner von dieser Befugnis Gebrauch, so ist trotzdem der Steueranspruch festzusetzen und in das Sollbuch einzutragen. Erst nachdem dies geschehen ist, wird über die Zulässigkeit der Aufrechnung entschieden.

(3) Die Aufrechnung soll in der Regel schriftlich erklärt werden; wird die Erklärung mündlich abgegeben, so ist darüber eine Niederschrift aufzunehmen. Die Erklärung hat die Forderungen, die gegeneinander aufgerechnet werden, nach Grund und Betrag genau zu bezeichnen; Belege über die Gegenforderung sollen beigefügt werden. Die Erklärung ist unwirksam, wenn sie unter einer Bedingung oder einer Zeitbestimmung abgegeben wird.

(4) Die Aufrechnungserklärungen werden, soweit sich nicht aus § 21 Abs. 2 Satz 3 ein anderes ergibt, von der Vollstreckungsabteilung bearbeitet. Die Vollstreckungsabteilung prüft, ob die Voraussetzungen, unter denen der Vollstreckungsschuldner aufrechnen kann, gegeben sind. Sie gibt der Behörde, der es obliegt, den vom Reiche geschuldeten Betrag auszuzahlen oder Anweisung zur Auszahlung zu erteilen, Nachricht von der Aufrechnung und ersucht die Behörde um eine Äußerung darüber, ob die Schuld des Reichs rechtskräftig festgestellt oder unbestritten ist und ob die Schuld fällig ist. Die im Satz 3 bezeichnete Behörde darf, nachdem sie die Mitteilung über die Aufrechnung erhalten hat, den vom Reiche geschuldeten Betrag nur dann auszahlen oder zu einer Auszahlung Anweisung erteilen, wenn die Vollstreckungsabteilung die Aufrechnung als unzulässig abgelehnt hat.

(5) Die Vollstreckungsabteilung entscheidet über die Zulässigkeit der Aufrechnung. Sie gibt ihre Entscheidung dem Vollstreckungsschuldner und der im Abs. 4 Satz 3 bezeichneten Behörde bekannt. Wird die Aufrechnung, die gegen einen der Vollstreckungsabteilung angezeigten (§§ 21, 22) Rückstand erklärt worden ist, als unzulässig abgelehnt, so ist Entschließung darüber zu fassen, ob wegen des Rückstandes die Zwangsvollstreckung anzuordnen ist. Der Vollstreckungsschuldner kann gegen die Entscheidung, durch die die Aufrechnung als unzulässig abgelehnt worden ist, Beschwerde erheben (§§ 237, 303, 304 AO). Er kann auch, wenn der Rückstand auf Grund der ablehnenden Entscheidung gezahlt oder beigetrieben worden ist, durch Erhebung eines Erstattungsanspruches (§§ 327, 152 AO) geltend machen, daß die Entscheidung der Vollstreckungsabteilung nicht gerechtfertigt sei.

§ 34 BeitrO

(1) Die Aufrechnung (§ 32 Abs. 1 Satz 2, 3, § 32 Abs. 4 Satz 3, § 33 Abs. 3 Satz 1) bewirkt, daß die Ansprüche, soweit sie sich decken, als in dem Zeitpunkt erloschen gelten, in dem sie zur Aufrechnung geeignet einander gegenübergetreten sind. Wenn außer dem Vollstreckungsschuldner noch andere Personen den rückständigen Betrag schulden (§ 7 Abs. 1 Nr. 1) oder dafür haften (§ 7 Abs. 1 Nr. 2, § 7 Abs. 2), so werden durch eine Aufrechnung, die von einem oder gegen einen erklärt wird, alle Gesamtpflichtigen nach Maßgabe des Satzes 1 dem Reich gegenüber frei. Mit einem Anspruch, den einer der Gesamtpflichtigen gegen das Reich hat, können nicht die übrigen Gesamtpflichtigen aufrechnen.

(2) Hat die Vollstreckungsabteilung mit einem Rückstand, der ihr nach Maßgabe der §§ 21, 22 angezeigt worden war, aufgerechnet, oder hat sie eine Aufrechnung, die von dem Vollstreckungsschuldner oder einem anderen Gesamtpflichtigen gegen einen solchen Rückstand erklärt worden ist, als

zulässig anerkannt, so ist dies auf dem Rückständeblatt zu vermerken. Ist durch die Aufrechnung der ganze Anspruch des Reichs erloschen, so ist das Rückständeblatt zu der Blattsammlung F (§ 23 Abs. 3 Nr. 4) zu nehmen. Ist der Anspruch des Reichs nur zum Teil erloschen, so ist Entschließung darüber zu fassen, ob wegen des noch ausstehenden Restbetrages die Zwangsvollstreckung anzuordnen ist.

(3) Von allen Aufrechnungen, die sie erklärt oder als zulässig anerkannt hat, gibt die Vollstreckungsabteilung der Kasse, in deren Büchern die Rückstände zum Soll stehen, Nachricht. Die Bestimmungen des § 29 Abs. 1 Satz 2, 3, 5 finden entsprechende Anwendung.

(4) Auf Grund der Mitteilungen (Abs. 3) schreibt die Kasse die durch die Aufrechnung gedeckten Beträge im Einnahmebuch und im Sollbuch als vereinnahmt an. Gleichzeitig weist sie die Schuldbeträge des Reichs, mit denen aufgerechnet worden ist, buchmäßig in Ausgabe nach (soweit sie selbst Rechnung legt als eigene Ausgabe, sonst als Auftragszahlung der Oberfinanzkasse). Ist durch die Aufrechnung einer Schuld des Reichs, die aus einer anderen Kasse zu begleichen war, getilgt worden, so bucht die Kasse den Betrag im Vorschußbuch oder, falls sie ein solches nicht führt, im Verwahrungsbuch (Ausgabe) und übersendet eine beglaubigte Abschrift des Schreibens, durch das die Vollstreckungsabteilung Nachricht von der Aufrechnung gegeben hat (Abs. 3), der anderen Kasse mit dem Ersuchen, ihr den Betrag zu überweisen. Nach Eingang des Betrags gleicht sie das Vorschußkonto aus oder bucht den Betrag im Verwahrungsbuch (Einnahme).

Amtskassenordnung der Reichsfinanzverwaltung (AKO) in Amtsblatt der Reichsfinanzverwaltung 1938, S. 57 ff.

§ 20 Abs. 3

Einer Zahlung steht die Aufrechnung gleich (vgl. §§ 32—34 der Beitreibungsordnung).

§ 53

(1) Hat die Amtskasse Auszahlungen an einen Empfangsberechtigten zu leisten, der mit Einzahlungen an die Amtskasse im Rückstand ist, so ist mit den Rückständen gegen den Anspruch auf den auszuzahlenden Betrag aufzurechnen. Auch mit künftig fällig werdenden Forderungen gegen den Empfangsberechtigten ist gegen den Anspruch auf den auszuzahlenden Betrag aufzurechnen, wenn der Empfangsberechtigte zustimmt oder seine Zustimmung zu vermuten ist. Die Zustimmung wird vermutet, wenn die Forderung, mit der aufgerechnet werden soll, innerhalb eines Monats nach dem Zeitpunkt fällig wird, an dem die Auszahlung zu leisten ist. Ist der Empfangsberechtigte mit einer Zahlung an eine andere Reichskasse im Rückstand und hat diese Reichskasse der Amtskasse dies mitgeteilt mit dem Ersuchen, ihre Forderung, wenn möglich, durch Aufrechnung zu befriedigen, so ist dem Ersuchen stattzugeben. Der Betrag, in dessen Höhe aufgerechnet worden ist, ist § 26 gemäß auszugleichen. Ist ein Einzahlungspflichtiger mit Einzahlungen an die Amtskasse im Rückstand und ist der Amtskasse bekannt, daß er einen Anspruch gegen eine andere Reichskasse auf Auszahlung eines Betrages hat, so hat die Amtskasse ihre Forderung der anderen Reichskasse mitzuteilen und sie zu ersuchen, mit dieser Forderung gegen den Anspruch des Einzahlungspflichtigen auf-

zurechnen. Dem Einzahlungspflichtigen ist von der Aufrechnung Kenntnis zu geben.

(2) Erstattungen und Vergütungen von aufgeschobenen Beträgen sind bei den angeschriebenen Beträgen selbst und auf dem Aufschubanerkenntnis abzuschreiben. Ist die Abschreibung bei den angeschriebenen Beträgen nicht möglich oder sind diese inzwischen entrichtet worden, so sind Erstattungen und Vergütungen bei dem zuerst zu entrichtenden Aufschubbetrag abzuschreiben; zu erstattende Beträge dürfen statt dessen auf Antrag auch ausgezahlt werden.

Literaturverzeichnis

Bachof, Otto: Verwaltungsakt und innerdienstliche Weisung, in: Festschrift für Laforet, 1952, S. 285 ff.

Baltzer: Aufrechnung und sonstiger Forderungsausgleich im Steuerrecht, in: Steuer und Wirtschaft, 1955, Sp. 425

Baumbach / Lauterbach: Zivilprozeßordnung, 32. Aufl., 1974

Becker, Enno: Zur Aufrechnung gegen Steueransprüche des Reichs, in: Steuer und Wirtschaft, 1924, Sp. 57 ff.

— Reichsabgabenordnung, Kommentar, 7. Aufl., 1930

Becker / Riewald / Koch: Reichsabgabenordnung, Kommentar Band I, 1963, Kommentar Band IV, Nachträge 19

Behr: Über die Zulässigkeit gegenseitiger Aufrechnungen öffentlichrechtlicher und privatrechtlicher Forderungen, in: DJZ 1916, Sp. 772 (775), DJZ 1933, S. 1619

Bettermann, Karl August: Akzessorietät und Sicherungszweck der Bürgschaft, in: NJW 1953, S. 1817

Blessin / Ehrig / Wilden: Bundesentschädigungsgesetze, Kommentar, 3. Aufl., 1960

Blessin / Giessler: Bundesentschädigungsschlußgesetz, Kommentar, 1967

Blomeyer, Arwed: Zivilprozeßrecht, Erkenntnisverfahren, 1963

Bötticher, Eduard: Die „Selbstexekution" im Wege der Aufrechnung und die Sicherungsfunktion des Aufrechnungsrechts, in: Festschrift für Hans Schima, Wien 1969, S. 95 ff.

Böhler, Ottmar: Lehrbuch des Steurrechts, Band I, 1927

Cordes, Helmut: Untersuchungen über Grundlagen und Entstehung der Reichsabgabenordnung vom 23. Dezember 1919, Diss., Köln 1971

Cosack, Konrad: Lehrbuch des Deutschen Bürgerlichen Rechts, Band I, 4. Aufl., 1903/04

Dernburg, Heinrich: Geschichte und Theorie der Kompensation, 2. Aufl. (1868)

Diederichsen, Uwe: Zur Geltendmachung von Gesellschaftsforderungen durch den nichtgeschäftsführungsbefugten BGB-Gesellschafter, in: MDR 1963, S. 632

Drexler, Carl M.: Die Aufrechnung im Steuerrecht, in: Neue Wirtschafts Briefe (NWB) 1968, Fach 2, S. 1663

Eisele, Fr.: Die Kompensation nach römischem und gemeinem Recht (1876)

Elsner / Schüler: Das Gemeindefinanzreformgesetz (Einführung in die Gemeindefinanzreform und Erläuterungen zum Gemeindefinanzreformgesetz), Hannover 1970

Enneccerus / Lehmann: Lehrbuch des Bürgerlichen Rechts, Zweiter Band, Recht der Schuldverhältnisse, 15. Aufl., Tübingen 1958

Erman, Walter: Handkommentar zum Bürgerlichen Gesetzbuch, Erster Band, 5. Aufl., 1972

Esser, Josef: Schuldrecht, Allgemeiner Teil, 4. Aufl., Karlsruhe 1970

Eyermann / Fröhler: Verwaltungsgerichtsordnung, Kommentar, 6. Aufl., 1974

Feder, Ernst: Die rechtliche Natur der Aufrechnung außerhalb des Rechtsstreits, in: Zeitschrift für das gesamte Handelsrecht (ZHR), Band 54 (1903), S. 434 ff.

Fikentscher, Wolfgang: Schuldrecht, 3. Aufl., 1971

Fleiner, Fritz: Institutionen des deutschen Verwaltungsrechts, 8. Aufl., Tübingen 1928

Forsthoff, Ernst: Lehrbuch des Verwaltungsrechts, Allgemeiner Teil, 10. Aufl., 1973

Frenkel, Erdmann: Darf der Steuerpflichtige gegen Verspätungszuschläge aufrechnen?, in: BB 1975, S. 741 ff.

Friedrichs, Karl: Verwaltungsrechtspflege, Erster Band, Berlin 1920
— Der allgemeine Teil des Rechts, 1927

Fuchs, Hans-Joachim: Zur Frage der Aufrechnung durch die Steuergläubiger und zur Pfändung von Erstattungsansprüchen, in: FR 1956, S. 321

v. Gierke, Otto: Deutsches Privatrecht, Dritter Band, Schuldrecht, 1917

Götte: Zwei Streitfragen über die Aufrechnung im Bürgerlichen Gesetzbuche, in: ArchBürg.Recht, Band 17 (1900), S. 164 ff.

Hager: Die Aufrechnung im Steuerrecht, in: DStZ 1940, S. 325

Hartmann: Können die bürgerlichen Gerichte über öffentlichrechtliche Gegenforderungen entscheiden?, in: DJZ 1912, Sp. 1519
— Können öffentlichrechtliche und privatrechtliche Forderungen gegeneinander aufgerechnet werden?, in: LZ 1915, Sp. 1295 (1298)
— Über die Zulässigkeit gegenseitiger Aufrechnung öffentlichrechtlicher und privatrechtlicher Forderungen, in: VerwArch, Band 25 (1917), S. 389 (409)

Hecker, Hellmuth: Die Aufrechnung zivilrechtlicher und öffentlichrechtlicher Forderungen vor den Verwaltungsgerichten, in: DÖV 1952, S. 7 (11)

Heine: Aufrechnung öffentlichrechtlicher und privatrechtlicher Forderungen gegeneinander, in: Gruchot, Band 62 (1918), S. 212 (229)

Herbsleb, Hartmut: Die Aufrechnung im Verwaltungsrecht, Diss., Münster 1968

Hipp, Wolfgang: Die Aufrechnung im öffentlichen Recht unter besonderer Berücksichtigung der Frage nach der Zulässigkeit gegenseitiger Aufrechnung öffentlichrechtlicher und privatrechtlicher Forderungen, Diss., Hamburg 1935

Hofacker, Wilhelm: Die Staatsverwaltung und Strafrechtsreform, 1919, S. 99 ff.

Hübschmann / Hepp / Spitaler: Kommentar zur Reichsabgabenordnung und den Nebengesetzen, 1.—3. Aufl., 1951

Jaeger: Konkursordnung, Kommentar, Erster Band, 8. Aufl., 1958

Josef, Eugen: Die Aufrechnung öffentlichrechtlicher und privatrechtlicher Forderungen gegeneinander, in: VerwArch, Band 22 (1914), S. 369 (382)

— Gesetzwidrige Einziehung von Abgaben in ihrer Einwirkung auf die Zulässigkeit des Rechtsweges sowie die Aufrechnung öffentlichrechtlicher und privatrechtlicher Forderungen gegeneinander, in: VerwArch, Band 24 (1916), S. 324 (341)

Kohler, J.: Kompensation und Prozeß, in: ZZP, Band 20 (1894), S. 1 (74)

Kormann, Karl: Grundzüge eines allgemeinen Teils des öffentlichen Rechts, in: Hirth's Annalen 1911, S. 850 (922) und 1912, S. 36 ff.

Kröger, Gerhard: Aufrechnung gegen Strafen, Geldbußen und Erzwingungsgelder im Steuerrecht, in: FR 1970, S. 498

Krückmann: Besprechung von Weigelin: Das Recht zur Aufrechnung, in: ZZP, Band 34 (1905), S. 355

Kruse, Heinrich Wilhelm: Steuerrecht I, Allgemeiner Teil, 3. Aufl., 1973

Kulla, P.-L.: Erweiterte Aufrechnungsmöglichkeiten gegen Steuerforderungen nach Inkrafttreten des Finanzreformgesetzes, in: Der Betrieb 1970, S. 610

Lang, Georg: Das Aufrechnungsrecht nach bürgerlichem Recht, seine Erweiterungen und seine Beschränkungen im Konkurs des Schuldners, München 1906

— Das Aufrechnungsrecht nach der Reichsabgabenordnung, in: JW 1921, S. 549 ff.

Larenz, Karl: Zur Lehre von der Rechtsgemeinschaft, in: JherJb., Band 83, S. 108 ff.

— Methodenlehre, 2. Aufl., 1969

— Schuldrecht, Allgemeiner Teil, I. Band, 10. Aufl., 1970

Lassally, Oswald: Die Anwendbarkeit von Normen des bürgerlichen Rechtes im öffentlichen Rechte, in: Fischers Zeitschr., Band 59 (1926), S. 153 ff.

Lassar, Gerhard: Der Erstattungsanspruch im Verwaltungs- und Finanzrecht, Berlin 1921

v. Leffern, Waldemar: Legitimiert die Verwaltungs- oder die Ertragshoheit den Steuergläubiger?, in: StW 1954, Sp. 529

Leibrecht, Dieter: Aufrechnung im Steuerrecht, in: StW 1953, Sp. 83

Leonhard, Franz: Die Aufrechnung, 1896

— Aufrechnung gegen eine Nichtschuld, in: Arch.Bürg.R, Band 21 (1902), S. 171 ff., 208 (210)

— Allgemeines Schuldrecht des BGB, Erster Band, 1929

Liebisch, Arnold: Steuerrecht und Privatrecht, 1934

Liman / Schwarz: Das Steuerbeitreibungsrecht, Band I, 3. Aufl., 1961, Band III, 3. Aufl., 1966

Lippmann: Zur Lehre der Kompensation nach dem Entwurfe des Bürgerlichen Gesetzbuches, in: JherJb., Band 32 (1893), S. 157 ff.

v. Löbbecke, Wolf: Die Aufrechnung im öffentlichen Recht, Diss., Göttingen 1935

Lüke / Huppert: Die Aufrechnung, in: JuS 1971, S. 165

Mallachow, Rolf: Die Aufrechenbarkeit publizistischer und ziviler Forderungen gegeneinander, in: VerwArch, Band 28 (1921), S. 279

Martens, Joachim: Die Aufrechnung im Steuerrecht, in: StW 1974, S. 155

Mattern, Gerhard: Eine grundsätzliche landgerichtliche Fehlentscheidung auf dem Gebiet des Vollstreckungsrechts, in: Steuerarchiv 1934, S. 179

— Besonderheiten des Steuerrechts bei Aufrechnung und Zwangshypothek, in: NJW 1952, S. 1002

Meier-Branecke: Die Anwendung privatrechtlicher Normen im Verwaltungsrecht, in: AöR, Bd. 50 (1926), S. 230 ff.

Merk, Wilhelm: Steuerschuldrecht, 1926

Meyer, Hans: Das Finanzreformgesetz. Probleme einer Verfassungsänderung, in: DÖV 1969, S. 261 ff.

Motive zu dem Entwurfe eines Bürgerlichen Gesetzbuches für das Deutsche Reich, Band II, Recht der Schuldverhältnisse, 1888

Müller, Hugo: Das Vollstreckungswesen der Finanzämter, 1938, S. 96

Oertmann, Paul: Die rechtliche Natur der Aufrechnung, in: AcP, Band 113 (1915), S. 376 ff.

Ohnsorge: Zur Lehre von der Aufrechnung, in: JherJb., Band 20 (1892), S. 285

Palandt: Bürgerliches Gesetzbuch, 34. Aufl., 1975

Paulick, Heinz: Lehrbuch des allgemeinen Steuerrechts, 2. Aufl., 1972

Pfaff, Paul: Das steuerliche Aufrechnungsverfahren, in: BlStSozArbR 1967, S. 129

Pilgrim, Siegfried: Probleme der Steuergläubigerschaft, Diss., Göttingen 1966

Planck / Siber: Kommentar zum Bürgerlichen Gesetzbuch, II. Band, 1. Hälfte, Recht der Schuldverhältnisse, 4. Aufl., Berlin 1914

Reichel, Hans: Aufrechnung und Betrug, in: AcP, Band 125 (1926), S. 178 ff.

Reinisch, Günther: Steuergläubigerschaft und Aufrechnung, in: NJW 1964, S. 1063

Rössler, Gerhard: Die Aufrechnung im Steuerrecht, in: NJW 1969, S. 494

Schack, Friedrich: „Analogie" und „Verwendung allg. Rechtsgedanken" bei der Ausfüllung von Lücken in den Normen des Verwaltungsrechts, in: Festschrift für Rudolf Laun, Hamburg 1948, S. 275 ff.

Schefold, K.: Aufrechnung mit verjährten Steueransprüchen?, in: StW 1951, Sp. 27 ff.

Schmidt, Johannes Werner: Gemeindefinanzreformgesetz, Kommentar mit Durchführungsverordnungen, Köln 1970

Schmidt-Bleibtreu / Klein: Kommentar zum Grundgesetz für die Bundesrepublik Deutschland, 3. Aufl., 1973

Schönke / Baur: Zwangsvollstreckungs-, Konkurs- und Vergleichsrecht, 8. Aufl., 1969

Schütz, Wilhelm: Aufrechnung mit Steuerforderungen, in: DB 1967, S. 792

Schultzenstein: Zur Aufrechnung im preußischen Verwaltungsstreitverfahren, in: VerwArch, Band 26 (1918), S. 466 (475)

Selmer, Peter: Anmerkung zu BFH, Urteil vom 6. 2. 73 — VII R 62/70 = BFHE 108, 564, in: JuS 1973, S. 580

Siber, Heinrich: Kompensation und Aufrechnung, Leipzig 1899

Soergel / Siebert: Kommentar zum Bürgerlichen Gesetzbuch, Band 2, Schuldrecht I, 10. Aufl., 1967

— Kommentar zum Bürgerlichen Gesetzbuch, Band 3, Schuldrecht II

Spohr, Werner: Die Aufrechnung im Steuerrecht, in: StW 1939, Sp. 661

Staudinger: Kommentar zum Bürgerlichen Gesetzbuch, Band II, Teil 1 d, Lfg. 4, 10./11. Aufl., 1975

— Kommentar zum Bürgerlichen Gesetzbuch, Band II, Teil 4, Lfg. 2, 11. Aufl., 1959

Stein / Jonas: Kommentar zur Zivilprozeßordnung, 19. Aufl., 1972

Stölzel, A.: Schulung für die zivilistische Praxis, II. Teil, Die Eventualaufrechnung, 1914

Strohal, Emil: Schuldpflicht und Haftung, München und Leipzig 1914

Tezner, Friedrich: Die Privatrechtstitel im öffentlichen Recht, in: AöR Bd. 9 (1894), S. 325 ff. (388)

Tipke, Klaus: Steuerrecht, 2. Aufl., 1974

Tipke / Kruse: Reichsabgabenordnung, Kommentar, 2.—5. Aufl., 1965/72

Vogel / Kirchhof: Zweitbearbeitung von Art. 107 GG (Juni 1971), Kommentar zum Bonner Grundgesetz (Bonner Kommentar)

Vogel / Wachenhausen: Zweitbearbeitung von Art. 108 GG (Juni 1971), Kommentar zum Bonner Grundgesetz (Bonner Kommentar)

Vogel / Walter: Zweitbearbeitung von Art. 106 GG (Dezember 1972), Kommentar zum Bonner Grundgesetz (Bonner Kommentar)

Weber, Werner: Beitragsrückgewähr nach irrtümlich angenommener Mitgliedschaft in Zwangsverbänden, in: JuS 1970, S. 169 ff.

Weigelin, Ernst: Das Recht zur Aufrechnung als Pfandrecht an der eigenen Schuld, Hannover 1904

Werner, Fritz: Der Übergang öffentlichrechtlicher Forderungen in die Hand eines Privatgläubigers, in: VerwArch, Band 44 (1939), S. 273 ff.

Windscheid, Bernhard: Lehrbuch des Pandektenrechts, 8. Aufl. (1900)

Wolff, Hans J.: Verwaltungsrecht, Band I, 8. Aufl., 1971, 9. Aufl., 1974

Wüst, Günther: Die Aufrechnung gegen Lohnforderungen, in: JZ 1960, S. 656 ff.

Zitzlaff, Franz: Schließt die Verjährung einer Steuerforderung ihre Aufrechnung gegen einen Anspruch des Steuerpflichtigen aus, wenn die verjährte Steuerforderung zu dieser Zeit, zu der sie gegen den Anspruch aufgerechnet werden konnte, noch nicht verjährt war?, in: StW 1950, Sp. 275 ff.

Printed by Libri Plureos GmbH
in Hamburg, Germany